JEB BUSH
CLINT BOLICK

LAS GUERRAS INMIGRATORIAS

Forjando una solución americana

Traducción del inglés por Cecilia Molinari

THRESHOLD EDITIONS

NUEVA YORK   LONDRES   TORONTO   SIDNEY   NUEVA DELHI

Threshold Editions
Una división de Simon & Schuster, Inc.
1230 Avenue of the Americas
New York, NY 10020

Primera edición en rustica de Threshold Editions, junio 2013

THRESHOLD EDITIONS y su colofón son sellos
editoriales de Simon & Schuster, Inc.

Para obtener información respecto a descuentos especiales en ventas al por
mayor, diríjase a Simon & Schuster Special Sales al 1-866-506-1949 o a
la siguiente dirección electrónica: business@simonandschuster.com.

La Oficina de Oradores (Speakers Bureau) de Simon & Schuster puede presentar
autores en cualquiera de sus eventos en vivo. Para más información o para hacer
una reservación para un evento, llame al Speakers Bureau de Simon & Schuster,
1-866-248-3049 o visite nuestra página web en www.simonspeakers.com.

Diseñado por Ruth Lee-Mui

Impreso en los Estados Unidos de América

1   3   5   7   9   10   8   6   4   2

ISBN 978-1-4767-2965-7
ISBN 978-1-4767-2966-4 (ebook)

Para mi nieta Georgia

—J. B.

Para mi nieto Ridley

—C. B.

Y para nuestros futuros nietos

CONTENIDO

NOTA DE LOS AUTORES PARA LA EDICIÓN EN ESPAÑOL

HACE UN AÑO, NOS PROPUSIMOS escribir este libro con una lista de recomendaciones diseñadas para atraer a los republicanos y generar apoyo bipartidista para una política inmigratoria integral. Este no fue un ejercicio teórico sino más bien un intento para forjar un consenso a través de una comprensión más profunda de las políticas del asunto, la política requerida para una reforma y por qué los esfuerzos anteriores han probado ser tan difíciles de lograr.

Al escribir, buscamos abordar dos temas fundamentales: una vía para sacar de las sombras a los actuales inmigrantes ilegales y un sistema de inmigración nuevo y progresivo que reemplaza el sistema fallido de nuestro país, satisface nuestras necesidades económicas y honra a nuestra herencia inmigrante.

De acuerdo con nuestro deseo de atraer a aquellos que tradicionalmente están en contra de una reforma, el libro describe una vía a un estatus legalizado para los actuales inmigrantes ilegales. El principio subyacente, sea una vía a un estatus legalizado o a la ciudadanía, es que cualquier proceso ganado no debería darle preferencias especiales a las personas que vinieron aquí ilegalmente y se debe vincular con un acceso más grande para los individuos que han estado esperando pacientemente para entrar legalmente al país.

Desde que se imprimió el libro en inglés el año pasado ha habido un movimiento hacia delante alentador en Washington. En enero, un grupo de cuatro demócratas y cuatro republicanos lanzaron una lista de principios para una reforma. Líderes en la Cámara de Representantes también están trabajando en reformas. Los legisladores cada vez adoptan más reformas con sentido común como la expansión de la inmigración altamente capacitada, apoyar un programa de trabajadores invitados y fomentar propuestas parecidas a la ley DREAM, que le otorgan residencia legal o ciudadanía a inmigrantes jóvenes que fueron traídos ilegalmente a los Estados Unidos por sus padres. Elogiamos a los líderes involucrados en este progreso. Es bienvenido y necesario desde hace tiempo.

Esperamos que este libro contribuya a la discusión y ayude a avanzar ideas que generen el apoyo bipartidista necesario para aprobar la reforma integral que requiere nuestro país.

PRÓLOGO POR JEB BUSH

LA INMIGRACIÓN PARA MÍ ES un tema personal. Significa mi esposa y mi familia, al igual que para un sinnúmero de estadounidenses desde que fue fundado nuestro país.

En 1970, en la plaza central del pueblo de León en México, conocí a una hermosa joven con el hermoso nombre Columba Garnica de Gallo. Después de pasar unas semanas en León, sabía que me quería casar con ella. Parece una locura dentro de esta era de jóvenes que esperan años hasta decidir casarse, pero yo les cuento a mis hijos que era lo que la gente antes llamaba amor a primera vista.

Un año más tarde, Columba se mudó de León al Sur de California, donde fue al colegio y trabajó. Tuvimos una relación a larga distancia durante casi cuatro años, hasta que nos casamos en el Centro Católico Newman en la Universidad de Texas en Austin en febrero de 1974.

Gracias a mi esposa, me convertí en un hombre con dos culturas y bilingüe, y mi vida ha mejorado por ello. Por primera vez en mi vida, aprendí lo que era la experiencia del inmigrante, y logré apreciar su deseo por aprender inglés y adoptar los valores estadounidenses, mientras de igual manera mantenía su amor por las tradiciones de México.

Mi esposa se hizo ciudadana estadounidense en 1979, y pudo votar por su suegro para presidente de los Estados Unidos. Su ceremonia de ciudadanía, y las muchas de las que he participado posteriormente, son unas de las experiencias más gratificantes de mi vida. Es una experiencia fundamentalmente estadounidense ver a personas de todas las nacionalidades, de todo tipo de procedencias, todos juntándose para jurar su lealtad a nuestro gran país. La mayoría tiene lágrimas de alegría en sus ojos, y todos aspiran a una vida mejor de la que dejaron atrás. Eso ha sido cierto de todos los inmigrantes a los Estados Unidos, desde el comienzo mismo.

Estoy escribiendo este libro porque creo que es necesaria una buena política inmigratoria para estar a la altura de los valores que hacen de nuestro país un lugar realmente excepcional.

A los veinticuatro años de edad, Columba y yo nos mudamos a Caracas, Venezuela, junto con nuestro hijo George, de dieciocho meses, y nuestra hija Noelle, de tres meses, para abrir una oficina representativa para el Texas Commerce Bank. El trabajo requería que yo viajara por gran parte de Sudamérica, y como experiencia laboral fue estupenda para un tipo de mi edad. Sin embargo, vivir en el exterior rápidamente me hizo apreciar mucho más los Estados Unidos de América. Me aclaró que la naturaleza excepcional de nuestro país proviene de su apertura, su dinamismo y un grupo de valores que le permite aceptar una rica diversidad sin desgarrarnos.

Luego nos mudamos a nuestro querido Miami. Esa increíble ciudad, en sí misma, es otra razón por la que decidí escribir este libro. El 1 de enero de 1981, mi familia y yo nos mudamos a Miami para comenzar una vida nueva. Miami es una zona metropolitana increíblemente diversa con grandes comunidades de inmigrantes de varios países. Hoy en día, el condado de Miami-Dade tiene una población de 2,6 millones de personas, 51% de las cuales nacieron en el exterior. No hay ninguna otra comunidad de ese tamaño en los Estados Unidos que se acerque a ese porcentaje. Miami también tiene una participación militar más alta de lo común, y soy testigo de su naturaleza patriótica. Los inmigrantes de Miami han hecho de mi ciudad un lugar vibrante, dinámico y emocionante para vivir, y eso, a su vez, lo ha hecho un imán para una cantidad mayor de inmigración dentro y fuera de nuestro país.

Como era el hijo del vicepresidente, y luego, claro, del presidente George H. W. Bush, y vivía en una comunidad de inmigrantes, mucha gente me vino a ver, con la esperanza de que yo pudiera ayudarlos con sus problemas inmigratorios. Nunca antes había sido testigo de la tragedia en la que se había convertido nuestro sistema de inmigración. Es increíblemente tedioso, complejo, opaco, a veces caprichoso y totalmente burocrático. Sé por experiencia propia cuán caro y lento puede ser. Hice todo lo que pude para ayudar a personas con reclamos legítimos, pero me partió el corazón observar a la gente languidecer dentro del sistema, con sus archivos en papel perdidos en algún lugar remoto. Me enfureció ver que nuestro gran país parece no lograr organizarse de una manera efectiva en cuanto a la inmigración, como sí lo hacen otros países.

Miami-Dade también ha sufrido el lado negativo de la inmigración. Durante nuestros primeros años en Miami, vimos el costo de la inmigración desenfrenada. Los costos creados por la minoría de inmigrantes cubanos que llegaron en el éxodo del Mariel en 1980 fueron enormes en cuanto a la ola de crimen que crearon y los costos sociales que impusieron. Además, Miami se volvió el centro del narcotráfico, lo cual le agregó una carga enorme a nuestra comunidad. Así que, como verán, conozco de primera mano lo que ocurre cuando el Gobierno federal es laxo para hacer cumplir nuestras leyes migratorias.

También sé de primera mano el bien que llega cuando el Gobierno federal hace del control de la frontera una prioridad.

En 1982, llamé a mi papá para contarle que en nuestra cuadra vivía un traficante de drogas. Los vecinos comentaban que se había estado jactando de importar cocaína de Colombia. Llamé luego de escuchar los gritos de su esposa, quien se había quedado afuera de la casa y sin llave en medio de la noche. La administración Reagan-Bush respondió a muchas llamadas a la acción similares, y el tráfico de drogas se redujo radicalmente en Miami gracias al cuerpo especial nacional, estatal y local encabezado por el vicepresidente Bush y el fiscal general Ed Meese.

A principios de la década de 2000, la administración de George W. Bush redujo radicalmente el movimiento de drogas desde Colombia y el Caribe al Sur de Florida, usando la Guardia

Costera y la Marina. Eso se logró con la cooperación total del estado de Florida.

Después de que la fiscal general Janet Reno se negara a aceptar una asociación, propusimos ayudar al Gobierno federal con sus tareas para hacer cumplir las leyes migratorias de nuestro país. En junio de 2002, el fiscal general John Ashcroft firmó un acuerdo creando el primer programa 287(g) del país. Florida fue el primer estado que logró que los federales permitieran que funcionarios locales y estatales fueran entrenados para actuar en nombre de la policía fronteriza y de otros funcionarios federales. Siempre he sentido que este esfuerzo se podría expandir radicalmente y aminorar la frustración que sienten los funcionarios locales y estatales en cuanto a la inhabilidad del Gobierno federal para combatir los crímenes de los inmigrantes ilegales.

Tres exitosas iniciativas indican el camino para lograr que la seguridad fronteriza funcione: el cuerpo especial del vicepresidente, de la década de los ochenta; los esfuerzos federales y estatales por controlar la importación de drogas a principios de la década de 2000; y el acuerdo cooperativo para extender el alcance de los oficiales migratorios utilizando recursos estatales y locales.

Como gobernador, vi el impacto de la política inmigratoria en mi estado y en mi país. El 11 de septiembre de 2001, los Estados Unidos cambió para siempre por los ataques en la ciudad de Nueva York y Washington, D.C. Cuatro de los diecinueve terroristas recibieron sus licencias de piloto en Florida. Diez de los terroristas tenían identificaciones válidas emitidas por Florida (algunos solo recibieron una cédula de identidad y otros tenían licencias de conducir). Tres de los diecinueve tenían visas válidas que no habían expirado. Claramente habíamos sido demasiado complacientes como nación.

Más allá de su relación con el control de frontera y la seguridad nacional, la inmigración era parte integral de la mayoría de los temas que traté durante mis ocho años como gobernador, y más prominentemente de la economía. Las tres industrias más grandes de Florida —hotelería, construcción y agricultura— no podrían sobrevivir sin trabajadores inmigrantes. Los 80 millones de visitantes al año, los $8,26 mil millones producidos por la agricultura, y el negocio de la construcción —históricamente, Florida está entre los primeros tres estados del país en la construcción de casas— se verán impactados, a menos que logremos una reforma migratoria integral. Los trabajos y las oportunidades que se perderán no solo afectarán a los trabajadores inmigrantes. El sustento económico de todos los floridanos se verá dañado. Lo mismo se aplica a la mayoría de las regiones de los Estados Unidos.

Como bien sabemos, la subsistencia económica de nuestro gran país está más en riesgo de lo que ha estado en los últimos cincuenta años. El envejecimiento de nuestra población (y con sesenta años, soy parte de esa población) es una bomba de tiempo demográfica que está sacudiendo la sustentabilidad de nuestros ahorros para la jubilación, la viabilidad del sistema de subsidios y nuestra habilidad para crear un fuerte crecimiento económico.

Por ende, el sistema de Seguro Social está atravesando una disminución de la proporción entre trabajador y beneficiario, que caerá de 3:3 en 2005 a 1:2 en 2040, según la Administración de Seguro Social.

Todo esto nos lleva a la razón por la que hemos escrito este libro: de ahora en más, para restaurar el crecimiento económico prolongado, necesitamos una estrategia inmigratoria nueva que le abra nuestras puertas a personas jóvenes y con aspiraciones, provenientes de todas partes del mundo, para que ellas puedan alcanzar sus sueños en nuestro país. Los Estados Unidos de América siempre ha sido uno de los pocos países que pueden hacer esto exitosamente. Esto requerirá liderazgo público. Requerirá romper con el estancamiento de Washington, D.C. Requerirá de nuevas formas de pensar, enfocadas en las realidades y oportunidades a partir de 2013. Espero que este libro pueda ayudar a que la gente vea que a través de la reforma de nuestro sistema de inmigración, podemos restaurar la promesa y excelencia de los Estados Unidos.

Por último, está la pequeña Georgia. Mi hijo menor, Jeb Jr., se casó con su encantadora esposa, Sandra, hace poco más de tres años. Ella es ciudadana canadiense con padres de nacionalidad iraquí y se mudó a Toronto en la década de los setenta. Jeb la conoció en Londres. Su madre vive en Amman, Jordania, y su padrastro es de Nueva Zelandia. Mi preciada nieta, Georgia Helena Walker Bush, está por cumplir dos años y es la alegría de mi vida. En veinte años, al igual que a millones de estadounidenses, los encuestadores del censo le preguntarán cuál es su raza o etnia. Estoy seguro de que dirá "No aplicable" o "No relevante". Sin embargo, la política de identidad que impregna nuestra sociedad actualmente nos hace preguntar: ¿Qué es ella? ¿Con qué palabra compuesta con "americana" se la debe llamar?

En realidad, Georgia es estadounidense con una ascendencia diversa. Le enseñarán a amar su país y todo ese rico patrimonio. (Mi ilusión es que sea al menos trilingüe). Quizá la suya sea la nueva cara de los Estados Unidos —una nación que siempre es capaz de cambiar para mejor. Pero no podemos permitir que nuestro sistema político disfuncional y la actitud políticamente correcta de nuestros tiempos obstaculicen la gran tradición estadounidense donde los valores, más que la raza o la etnia, definen lo que es ser estadounidense.

Arreglar nuestro sistema de inmigración no solucionará todos los problemas de nuestro país, ni para cuando Georgia sea grande, pero le debemos a los niños de su generación poner en este reto nuestro mayor esfuerzo.

PRÓLOGO POR CLINT BOLICK

CRECÍ DURANTE LA DÉCADA DE los sesenta y setenta en un suburbio segregado en el norte de Nueva Jersey. Muchos de los padres y abuelos de mis amigos eran inmigrantes europeos, mayormente de Polonia e Italia. Pero rara vez, si es que alguna, me encontré con un inmigrante de piel más oscura.

Mi hermano tiene catorce años más que yo, y fue un rebelde desde el principio. Desafiando el consejo de mi padre, Jerry se alistó en la Marina justo cuando la Guerra de Vietnam se estaba calentando. A través de una combinación de suerte e intransigencia, mi hermano logró servir cuatro años en la Marina a mediados de los sesenta sin ser enviado a Vietnam. En vez, pasó la mayoría de la guerra en Hawai, donde conoció a Irma de quien se enamoró, una filipina-americana de segunda generación oriunda de San Francisco.

En mis ojos, Irma era hermosa y hasta exótica. Poco después de que ella y Jerry se casaran, falleció mi padre, y mi madre, mi hermana y yo nos mudamos por un año a San Francisco, donde fuimos inmersos en la familia de Irma. A diferencia de nuestra propia crianza dentro de una familia blanca, su familia era enorme, bulliciosa, matriarcal, apasionada, sensible y demostrativa. Para este niño de once años de Nueva Jersey, resguardado e impresionable, la comida parecía tan suntuosa como extraña. La experiencia para mí fue una epifanía.

Mientras asistía a la facultad de derecho en la Universidad de California en Davis, trabajaba por las noches en un almacén, donde muchos de los clientes eran trabajadores agrícolas inmigrantes mexicanos empleados localmente. En sus manos curtidas y encalladas reconocí las mismas uñas sucias que había visto en las manos de mi padre. Él había sido soldador, y sólo había llegado a cursar hasta el octavo grado. Recordé cuán duro había trabajado mi papá para que nosotros pudiésemos vivir en un barrio de clase media con buenas escuelas. Y comprendí que estos hombres estaban haciendo exactamente lo mismo que mi padre: trabajando duro para crear una oportunidad para sus familias.

Esa experiencia dejó una impronta indeleble sobre mi punto de vista acerca de la inmigración: comencé a creer que no debíamos estar buscando maneras de mantener a personas como esos trabajadores agrícolas fuera de nuestro país. Deberíamos estar buscando maneras para traerlos.

Mi madre se convirtió en mi compañera de discusión sobre el tema. Tanto ella como yo éramos firmemente conservadores y estábamos de acuerdo en casi todo —excepto la inmigración. En la mente de mi madre, los inmigrantes explotaban la generosidad de los estadounidenses al cometer delitos, inflar la lista de asistencia social y tercamente rehusarse a dejar a un lado su idioma o cultura al mudarse aquí. Es decir, todos excepto los inmigrantes que ella conocía en persona, quienes eran todas personas buenas y trabajadoras a las que ella estaría feliz de darles la bienvenida a la familia estadounidense. Con el tiempo descubrí que la actitud de mi madre hacia la inmigración era moneda corriente entre conservadores. Y a lo largo de mi carrera en políticas públicas, frecuentemente me he separado de la compañía de muchos de mis compañeros conservadores por temas inmigratorios.

Durante más de tres décadas como abogado constitucional,

repetidamente he tenido la buena fortuna de representar a inmigrantes de México, Asia y África, particularmente en dos temas: la elección escolar y la libre empresa. He defendido los programas de becas escolares en varios estados, en general representando a familias de bajos recursos cuyos hijos previamente habían sido asignados a escuelas públicas deterioradas y a menudo peligrosas. Las familias inmigrantes valoran la educación; reconocen el papel central que juega en ayudar a que sus hijos tengan éxito y prosperen. Hacen sacrificios enormes —a menudo haciendo varios trabajos— para que sus hijos tengan la posibilidad de ir a buenas escuelas.

Asimismo, he representado inmigrantes en juicios desafiando barreras reguladoras del emprendimiento empresarial. Nunca me deja de sorprender cuán duro están dispuestos a trabajar los inmigrantes para empezar negocios y ganarse la vida honradamente. No han venido aquí para recibir asistencia social. No han venido aquí para cometer delitos. Vienen aquí, a menudo venciendo tremendas adversidades, para ganarse una parte del sueño americano.

En 2001, mi esposa Shawnna y yo nos mudamos a Arizona. Me encanta casi todo de mi estado adoptivo, pero la única cosa que me perturba enormemente es la amplia hostilidad de Arizona hacia la inmigración mexicana, no solo ilegal sino legal también. Entre muchos conservadores de Arizona, la oposición a la inmigración le hace sombra a todos los otros temas políticos, hasta ante una recesión económica.

La vehemencia sobre este tema al principio me desconcertó, dado que Arizona sigue siendo la tierra de Barry Goldwater y ampliamente refleja su filosofía libertaria de vivir y dejar vivir. Ciertamente, a menudo he dicho bromeando que si la gente de Arizona realmente se toma en serio la protección de nuestros valores tradicionales en contra del ataque de los hostiles recién llegados, deberíamos separar nuestra frontera oeste con California con una pared más que la frontera sur.

Sin embargo, descubrí que la hostilidad hacia los inmigrantes en Arizona tiene raíces muy profundas. Encontré un libro fascinante, *The Great Arizona Orphan Abduction*[1], que cuenta la historia de cuarenta huérfanos irlandeses que fueron enviados al oeste desde un orfanato católico en 1904 para ser adoptados por familias en los pueblos mineros de Arizona. Como las familias católicas de la zona eran mexicoamericanas, los huérfanos fueron situados con ellas. Enfurecidos con que niños rubios y de ojos claros fueran adoptados por mexicoamericanos, un grupo de vigilantes fue de casa en casa y se llevó a los niños a punta de pistola, ubicándolos en vez con familias blancas. Los secuestros fueron desafiados hasta llegar a la Corte Suprema de los Estados Unidos, la cual sostuvo las acciones. Es un capítulo sórdido pero poco conocido de la historia de Arizona. Sin embargo, un siglo más tarde, las emociones divisivas que se manifestaron en los secuestros continúan infectando lo que, de lo contrario, sería un gran estado.

Es difícil en Arizona siquiera sugerir soluciones a los temas inmigratorios sin ser ridiculizado como "a favor de la amnistía". Fue especialmente duro ver cómo el senador Jon Kyl, un viejo amigo y verdadero estadista, fallidamente intentó encontrar un punto en común entre ambos partidos a través de una reforma migratoria integral en 2007, para que luego muchos de su propio partido lo llamaran traidor o cosas peores. Ciertamente, el ala dominante del Partido Republicano de Arizona era tan estridente con el tema que me hizo dejar el Partido Republicano y convertirme en independiente hace casi una década.

Esto no pretende minimizar las legítimas preocupaciones planteadas por muchos críticos de la inmigración. La carga que le imponen a la asistencia social los inmigrantes ilegales pone mucha presión sobre los presupuestos estatales y locales en un momento en que los recursos son escasos. Aún más prominentes son las preocupaciones en cuanto a la frontera de Arizona con México. La violencia espantosa de ambos lados de la frontera provocada por los carteles de drogas ha alcanzado niveles críticos. Nuestra nación no ha lidiado del todo con la naturaleza y el alcance de esta crisis. Sin embargo, un control fuerte de la frontera no va de la mano con suprimir la inmigración, aunque en Arizona a menudo se ven como lo mismo. Aun cuando Arizona ha estado en el epicentro de un debate sobre la política inmigratoria que se ha hecho esperar demasiado, también se ha ganado la desafortunada reputación de ser decididamente inhospitalario hacia los inmigrantes.

Mis experiencias en Arizona han dejado muy en claro cuán difícil es cerrar la brecha de la política inmigratoria. Pero es absolutamente esencial hacerlo. A pesar de los elementos más extremos en ambas partes del espectro político, que harán lo que sea para vencer una reforma migratoria integral, parece ser que la mayoría de los estadounidenses comparten valores y creencias en común cuando se trata de la inmigración. Ellos creen que la inmigración es netamente positiva para los Estados Unidos, y que las reglas inmigratorias deben ser justas y respetadas. Una política que refleje esos valores y creencias no debería ser difícil de lograr.

Lo que ha faltado es valentía política —la valentía para enfrentar a los demagogos y extender el brazo hacia el otro partido por el bien de nuestra nación.

Por eso estoy tan orgulloso y entusiasmado de ser el coautor de este libro con el ex gobernador Jeb Bush. Mi relación con los políticos por lo general consiste en demandarlos. Pero Jeb es diferente a la mayoría de los políticos —y uso el término renuentemente para describirlo— porque para Jeb, la política significa un medio para alcanzar un fin en vez del fin mismo. Tuve la buena suerte de trabajar con Jeb cuando fue elegido gobernador por primera vez en 1998, ayudándolo a llevar a cabo su promesa de traer la elección escolar a Florida, y posteriormente ayudando a defender el programa de cara a desafíos legales. Como gobernador, Jeb transformó el sistema educativo del estado, expandiendo y mejorando radicalmente las oportunidades educativas para todos los niños, en especial aquellos estudiantes con una desventaja económica. Hoy en día, Jeb trabaja con gobernadores de ambos partidos en toda la nación para efectuar una reforma educativa positiva. Es también abiertamente partidario de la reforma migratoria y de la necesidad de que los republicanos jueguen un papel positivo en este tema crucial, y está dispuesto a decir lo que piensa sin importar las consecuencias políticas. Tengo la esperanza de que, al escribir este libro juntos, podamos contribuir a ayudar a que nuestra nación avance significativamente hacia una reforma migratoria positiva y duradera.

Recientemente tuve el honor de hablar en una ceremonia de naturalización en la escuela chárter de mis hijos en Phoenix. Fue una de las experiencias más conmovedoras de mi vida. Todo el cuerpo estudiantil, desde los de jardín de infantes hasta los de sexto grado, estaba presente. Los niños agitaban banderas estadounidenses y cantaron "God Bless the U.S.A." —y siguieron cantando sin inmutarse hasta cuando se rompió el equipo de sonido y desapareció la voz de Lee Greenwood. Pero la alegría más grande estaba en las caras de los veintitantos hombres y mujeres de varios países, muchos de ellos con lágrimas que corrían por sus mejillas, quienes al fin estaban realizando el sueño de convertirse en ciudadanos estadounidenses.

Entre los muchos beneficios que traen los inmigrantes a nuestras costas, ninguno es tan grande y vital como el de reponer el espíritu estadounidense. Aun el más patriótico entre nosotros a veces se vuelve complaciente dentro de nuestra libertad. Los inmigrantes nos recuerdan que la libertad sigue siendo la excepción más que la regla en el mundo, y que es valiosa y fugaz. Aquellos de nosotros que tuvimos la suerte de nacer estadounidenses deberíamos honrar y apreciar a aquellos que eligen nuestra nación por sus valores y quienes exitosamente viajan por el camino difícil hacia la ciudadanía estadounidense. Creo que no solo es nuestra obligación moral como nación de inmigrantes, sino esencial para nuestro futuro, hacer de ese camino uno menos y no más difícil de atravesar.

Ciertamente, deberíamos temblar ante la posibilidad de dejar de tener un "problema inmigratorio" porque la gente ya no desea venir aquí. Eso significa que habremos perdido la libertad y la oportunidad que ha hecho de nuestra nación un faro perpetuo para millones de personas alrededor del mundo. Sostener esta excelencia requiere que continuemos alentando y dándole la bienvenida a la energía y la pasión que traen los recién llegados a nuestra nación en abundancia. Y eso, a su vez, requiere que nos enfrentemos a y superemos los difíciles desafíos de la reforma migratoria.

Este libro está dedicado a ese fin.

1

UNA PROPUESTA PARA LA REFORMA MIGRATORIA

E SCRIBIMOS ESTE LIBRO PARA AGREGAR nuestras voces al llamado por una reforma migratoria sistémica. Primero y principal, queremos centrar la atención en la urgencia de la necesidad de dicha reforma. Los estadounidenses a menudo ven al debate inmigratorio en términos unidimensionales: ya sea la inmigración como tema de justicia social o la inmigración (en especial la inmigración ilegal) como flagelo. Eso contribuye a la intensa disensión que rodea a la inmigración como tema, lo cual a veces la hace un "tercer carril" en la política estadounidense. Los políticos de ambos lados de la división partidista se resguardan en

3

vez de enfrentar un tema cuya resolución es vital para el futuro de nuestra nación.

El tema realmente es urgente. La inmigración es un conductor clave de la economía estadounidense, una respuesta a los tremendos desafíos demográficos y una solución a un sistema educativo inadecuado desde kínder hasta el último año de la secundaria. A su vez, la inmigración que se lleva a cabo fuera de los límites de la ley debilita nuestras instituciones y amenaza a la inmigración legal. Consideramos que la política inmigratoria de nuestra nación es un desastre, pero uno que se puede arreglar exitosamente a través de una combinación de liderazgo político, consenso bipartidista y —como ocurre con la mayoría de los temas difíciles que enfrenta nuestra nación— el recurrir a los valores estadounidenses básicos.

Cuando la política inmigratoria funciona bien, es como una represa hidroeléctrica: una pared fuerte cuyas válvulas permiten que pasen torrentes de agua, creando cantidades exorbitantes de energía dinámica. El embalse que suministra la potencia está lleno y se repone constantemente. Las válvulas se pueden ajustar contra la pared de agua por fuera, aliviando la presión o conteniéndola según sea necesario, pero siempre permitiendo suficiente circulación para cumplir con las necesidades energéticas de la nación.

Pero hoy la represa está decrépita y toscamente cementada,

con pérdidas constantes que deben ser remendadas. Su circulación ha sido alterada tantas veces que la estructura de la represa ha perdido toda integridad. Sus válvulas están tapadas, su llave rota, su generación de energía es esporádica y poco fiable. El agua pasa por encima de la represa y a través de sus grietas, y todo esfuerzo por contener la corriente crea nuevas fisuras. Lo peor de todo es que el embalse detrás de la represa —del cual depende el suministro de energía de la nación— se está secando, y como la represa provee salidas inadecuadas para lo que queda, otros lo están desviando para uso de la competencia.

El diagnóstico no puede ser más claro: necesitamos reemplazar la represa.

Con esa propuesta, la que dice que debemos reparar fundamentalmente nuestra política inmigratoria actual, parecen estar de acuerdo la mayoría de los estadounidenses y sus funcionarios en ambos partidos. Sin embargo, la reforma migratoria integral se ve truncada una y otra vez. Permaneció estancada en 2007 y 2008, aun cuando el presidente George W. Bush y el liderazgo del congreso de ambos partidos hicieron un gran esfuerzo por promulgar una reforma migratoria bipartidista. Nunca llegó a tomar vuelo después de la elección del presidente Barack Obama en 2008, a pesar de tener una mayoría demócrata en ambas cámaras del Congreso y el hecho de que Obama había prometido promulgar una reforma migratoria integral durante su primer año en funciones.

Aunque la reforma migratoria es uno de los pocos temas importantes en donde claramente existe el potencial para un consenso bipartidista, ese consenso se encuentra constantemente menoscabado, obviamente por la estridente oposición en los extremos de ambos partidos, pero también por la falta de valentía política. A menudo, los funcionarios electos que poseen un capital político amplio para hacer realidad una reforma migratoria integral, se debilitan ante la oposición hostil de los elementos extremos de sus respectivas bases partidistas. Es así más allá de que aquellos que sostienen, por principio, los temas inmigratorios raramente sufren consecuencias políticas considerables por hacerlo. La combinación de rencor ideológico, demagogia y cobardía política es letal, y como resultado permanecemos encasquetados con un régimen migratorio que, casi todo el mundo concuerda, es profundamente disfuncional.

Ambos lados son responsables por el impasse.

En la izquierda, algunos pujan por fronteras abiertas como una cuestión de justicia. Justifican a aquellos que vinieron ilegalmente y condenan los esfuerzos para hacer cumplir la ley. Los sindicatos, que durante gran parte del siglo pasado fueron los opositores más vehementes de la inmigración, ahora a veces hablan de la boca para afuera en cuanto a la reforma migratoria, pero, primero y principal, siguen buscando cuidar sus intereses parroquiales. Aunque algunos demócratas han trabajado con el partido opositor para encontrar un consenso bipartidista en la reforma migratoria, otros hacen uso de la inmigración como un tema político polémico, prefiriendo la polarización ante las soluciones. Durante su primer mandato, como se indicó anteriormente, el presidente Obama rompió su promesa de campaña de promulgar una reforma migratoria durante su primer año —lo cual fácilmente podría haber logrado dada la mayoría demócrata en el Congreso— y no hizo nada hasta que la erosión del apoyo hispano amenazó su posibilidad de reelección.

En la derecha, los opositores de la inmigración ven multitudes de inmigrantes ilegales quitándoles trabajos a los estadounidenses que tan desesperadamente los necesitan y consumiendo servicios sociales que corren por cuenta de los sobrecargados contribuyentes. Ven a los inmigrantes, tanto legales como ilegales, rehusarse a dejar de lado sus culturas o adoptar las costumbres estadounidenses y hablar inglés. Creen que los inmigrantes ilegales contribuyen fuertemente al crimen y agonizan con la inexplicable inhabilidad del Gobierno estadounidense en cuanto al control de nuestras fronteras. Ven a los inmigrantes votando en grandes cantidades por demócratas que constantemente expanden el alcance y el costo del estado subsidiario. Y son profundamente escépticos, dadas las promesas rotas del pasado, de que cualquier mutuo acuerdo sobre la inmigración alguna vez resulte en detener la corriente de inmigrantes ilegales.

Como resultado, insisten en que las fronteras deben ser controladas antes de que se pueda considerar cualquier otra reforma migratoria. Se oponen todo lo caracterizado como reforma migratoria "integral" y condenan como "amnistía" cualquier propuesta que esté por debajo de la deportación de todos los inmigrantes ilegales.

Es probable que sea imposible satisfacer los extremos de cada punta del espectro ideológico. Pero hay un amplio punto medio sobre la inmigración que se hace acreedor del apoyo de una gran mayoría de estadounidenses. Además, después de las elecciones de 2012, parece haber más determinación que en cualquier otro momento en décadas de alcanzar un acuerdo bipartidista en cuanto a la reforma migratoria.

Escribimos este libro con la esperanza de que nosotros, como nación, no dejemos pasar este momento.

Creemos que la reforma migratoria integral debería ser construida sobre dos valores centrales y esenciales: primero, que la inmigración es esencial para nuestra nación, y segundo, que la política inmigratoria debe ser gobernada por la ley.

Aquellos que exponen solo uno de esos valores y excluyen el otro, causan violencia para ambos porque los dos valores son inseparables. Creemos que la política inmigratoria de nuestra nación siempre debe encontrar su origen en estos dos valores principales, no solo como retórica sino como realidad.

Dado que las propuestas que bosquejamos abajo reflejan esos valores centrales, creemos que una mayoría de los estadounidenses las apoyará. Las encuestas de opinión pública muestran que alrededor de dos tercios de los estadounidenses apoyan un proceso en el cual los inmigrantes ilegales pueden obtener un estatus legal con tal de que aprendan a hablar inglés, pasen una revisión de antecedentes y paguen una indemnización.[1] Una gran mayoría (63%) dice que los inmigrantes cuestan demasiado en cuanto a servicios sociales, pero el 79% dice que ocupan trabajos de baja remuneración que los estadounidenses no desean. Mayorías de dos tercios o más apoyan fuertes sanciones a empleadores por contratar inmigrantes ilegales, doblar el número de policías fronterizas, crear un programa de trabajadores invitados y mantener a los inmigrantes ilegales como inelegibles para servicios sociales no esenciales. En cambio, solo un tercio o menos apoya las matrículas como residentes del estado para hijos de inmigrantes ilegales, o las licencias de conducir o el acceso a Medicaid para los inmigrantes ilegales.[2]

Una encuesta de North Star Opinion Research también produjo resultados reveladores.[3] Según la encuesta, el 55% de los estadounidenses ven a la inmigración como un beneficio económico, mientras que solo el 33% cree que es una amenaza económica. Una mayoría del 52% cree que la creación de un programa de trabajadores invitados haría más que las autoridades (35%) para fortalecer nuestra frontera. De hecho, 73% concordó con la declaración de que "no es posible tener un control total de la frontera sin un mejor sistema para manejar a los trabajadores invitados", mientras que solo un 16% no estuvo de acuerdo.

En cuanto al apoyo de la ley DREAM, que permitiría que los hijos de inmigrantes ilegales permanezcan en el país bajo condiciones específicas, el 74% apoyó la idea mientras que solo el 20% se opuso.

El resultado de las encuestas de opinión pública es este: los estadounidenses consistentemente apoyan las políticas a favor de la inmigración *siempre y cuando se haga cumplir la ley*. Eso le da a los legisladores mucha libertad para diseñar una reforma migratoria fundamental.

Sin embargo, parece existir un límite muy significativo: la mayoría de la gente cree que el número total de inmigrantes no debe aumentar. Los sondeos muestran una y otra vez que el apoyo a un aumento en la cantidad de inmigrantes es menor al 10%, mientras que la mayoría de los estadounidenses están a favor ya sea de reducir el número o de mantenerlo igual.[4] Aunque ese sentimiento es fuerte, creemos que debe ser desafiado, por varias razones. Sin hacer nada, y sin un aumento en la inmigración, la población estadounidense está disminuyendo y avejentándose. Necesitamos más inmigrantes para cortar con esa tendencia demográfica debilitante. Creemos que habrá mucho menos oposición al aumento de la inmigración si los estadounidenses perciben la necesidad y el valor de la inmigración —lo cual ocurrirá si arreglamos nuestro sistema para que la mayoría de los que entran a nuestro país le agreguen un valor tangible. Las siguientes seis propuestas que sugerimos tienen la intención de hacer eso mismo.

Los políticos no deben temer accionar de manera audaz y ejemplar con respecto a la inmigración. Sin importar qué opiniones tiene la mayoría de los estadounidenses sobre la inmigración, son pocas las personas que basan su voto en ese tema. Aun durante la ola del Tea Party en 2008, solo el 4% de los votantes consideró la inmigración como el tema más importante de la nación.[5] Pocas competencias políticas han ido en contra del tema inmigratorio, y la mayoría de los ataques a candidatos basados en la inmigración han fallado. Ciertamente, el retiro del senador del estado de Arizona, Russell Pearce, el arquitecto del S.B. 1070 —así como su fallida campaña de regreso en la subsiguiente primaria republicana en 2012—, sugiere que aquellos candidatos para quienes la oposición a la inmigración ilegal es el tema principal, no prosperan. Los funcionarios electos tienen mucho lugar para maniobrar en cuanto a temas inmigratorios, siempre y cuando hagan avanzar políticas que maximicen los beneficios de la inmigración y sometan el sistema a la ley.

Asimismo, creemos que las propuestas basadas en los valores centrales por los que nosotros abogamos pueden cerrar la brecha partidista. Pero no es por eso que las apoyamos. Más bien, lo hacemos porque es crucial para el futuro de nuestra nación que encaminemos la política inmigratoria por un rumbo sensato. Tal acción requerirá de un liderazgo político valiente y comprometido. Pero creemos que los líderes dispuestos a dar el paso para lograr tal reforma serán recompensados tanto por la historia como por una nación más próspera y diversa que continúe celebrando y avanzando sus principios más fundamentales.

Presentamos seis propuestas generales que creemos fortalecerían la política inmigratoria de los Estados Unidos y promoverían las importantes metas nacionales que la política inmigratoria debería lograr.

1. UNA REFORMA FUNDAMENTAL

Dado que la reforma migratoria integral falló a nivel legislativo durante la última década, muchos se encuentran reacios a intentarlo de nuevo. Ciertamente, algunos comentaristas creen que "reforma migratoria integral" es código para la inacción, en especial dado que el presidente Obama prometió tal reforma durante su primer año en funciones pero rápidamente la abandonó a pesar de las decisivas mayorías demócratas en ambas cámaras del Congreso. Otros instan a una reforma fragmentada —una ley DREAM por aquí, un arreglo a las visas para trabajadores altamente capacitados por allá. "Con todo y la tormenta y el estrés del debate sobre nuestra inmigración nacional, ha habido notablemente poca inclinación por ir más allá de tratar los síntomas", escribe el columnista Jeff Jacoby. "Pero la arquitectura básica de la política inmigratoria estadounidense en sí misma —con su confusión estranguladora de cupos y regulaciones, y su suposición central de que la inmigración debe ser estrictamente limitada y regulada— casi nunca es desafiada".[6]

Nosotros favorecemos un enfoque integral por dos razones principales. Primero, el sistema como un todo está roto, y las partes del rompecabezas inmigratorio están relacionadas. Por ejemplo, la meta de sellar la frontera es inútil sin la creación de un proyecto inmigratorio que provea una alternativa viable a la inmigración ilegal. Ampliar las visas de trabajo sin modificar el sistema de preferencia familiar puede aumentar la inmigración a niveles políticamente insostenibles. Encontrar la manera para que los inmigrantes ilegales permanezcan en los Estados Unidos no se puede ni considerar si nuestras fronteras no están bajo control contra la futura inmigración ilegal.

Segundo, una reforma integral es necesaria para lograr un consenso bipartidista. Las propuestas que apelan a un lado pero no al otro continuarán polarizando el debate. Pero una propuesta integral que se ocupe de las preocupaciones de ambos lados de la división partidista podría atraer un amplio apoyo, lo cual es esencial en un momento en el que el control del Gobierno federal está dividido entre republicanos y demócratas. Tal consenso bipartidista se logró en la década de los ochenta y noventa. Nuestra nación se está cansando de la división partidista, y la inmigración es un tema importante en el que la cooperación bipartidista debería ser posible.

Creemos que los intentos recientes por lograr una reforma migratoria integral no llegaron lo suficientemente lejos. Se basaron en estructuras existentes anticuadas. En vez de seguir modificando el monstruo de la política inmigratoria, deberíamos comenzar de cero. Las leyes inmigratorias de nuestra nación han sido enmendadas tantas veces que se han vuelto increíblemente complejas, incoherentes y a veces autocontradictorias. Las únicas personas que se benefician de la complejidad de la ley son los abogados de inmigración. Una política mucho más simplificada y directa sería una maravilla para las muchas personas, los negocios y los funcionarios del Gobierno que se ven sometidos a o afectados por la misma.

Históricamente, la inmigración ha pasado por varias agencias, cada una de las cuales tiene como misión tocar el tema inmigración pero no darle prioridad. La administración de la inmigración comenzó como parte del Departamento de Comercio, luego se movió al Departamento de Justicia, y más recientemente se ha dividido entre múltiples agencias. Durante la última década, la autoridad principal sobre la inmigración fue concedida al nuevo Departamento de Seguridad Nacional (DHS, por sus siglas en inglés). Sin embargo los departamentos de Estado, Trabajo, Justicia y Salud y Servicios Humanos siguen involucrados en la selección y el procesamiento de la inmigración. "Una reorganización más racional", escribe el historiador de inmigración Roger Daniels, "hubiera creado un gabinete separado para la inmigración y hubiera colocado a los funcionarios de Washington que se encargan de la inmigración en un solo edificio bajo un liderazgo unificado en vez de dividirlos por toda la ciudad e insertarlos dentro de una organización en donde la inmigración, como mucho, es un hijastro".[7]

Ubicar la inmigración bajo el control del DHS tuvo sentido como consecuencia del 11 de septiembre, dado que la mayoría de los terroristas de Al Qaeda pasaron por nuestro sistema de inmigración. Pero mantener la hegemonía del DHS sobre la política inmigratoria no tiene sentido a largo plazo. Mientras que los asuntos de seguridad deben ser una parte central de cualquier sistema de inmigración funcional, otros asuntos nacionales importantes relacionados con la inmigración se verán afectados si aquellos asuntos toman preponderancia. Como bien observa Edward Alden en *The Closing of the American Border*, en los años que le siguieron al 11 de septiembre, "para un terrorista, entrar a los Estados Unidos es mucho más difícil de lo que era. También es mucho más difícil para todos los demás"[8]. Las visas de turista, de estudiante y de trabajo se han acumulado y atrasado aun cuando las dudas relacionadas a la seguridad con respecto a ciertos candidatos específicos son mínimas, todo para gran detrimento del comercio de los Estados Unidos.

De igual manera, ubicar la inmigración bajo la hegemonía del DHS desvía a aquella agencia de asuntos vitales de seguridad nacional. Como cuenta Alden, con la "decisión de hacer del cumplimiento duro de la inmigración una prioridad en el Departamento de Seguridad Nacional, la meta original de detener terroristas se fue disipando más y más del centro de las actividades del DHS"[9]. Su incrementado esfuerzo del cumplimiento de la inmigración llevó a levantar cargos contra 814.000 personas durante los primeros tres años de la agencia; sin embargo, el DHS solo levantó cargos por terrorismo o apoyo al terrorismo en solo una docena de esos casos.[10]

Aunque tiene mucho sentido que la seguridad fronteriza siga siendo una función central del DHS, las funciones de inmigración y naturalización son lo suficientemente importantes —y diferentes— como para ser ubicadas tanto en una agencia por sí sola o dentro de un departamento ya existente (como el Departamento de Comercio) cuya misión es consistente con la política nacional de promover la inmigración. Eso debería ser parte de una revisión total de las leyes nacionales de inmigración. El sistema actual simplemente no se puede reparar. La ley en sí es un obstáculo a una reforma necesaria. De la cacofonía deberíamos apuntar a crear harmonía, tanto en cuanto a la ley y la agencia que la implementa y la hace cumplir.

2. UN SISTEMA DE INMIGRACIÓN MOTIVADO POR LA DEMANDA

Durante siglos, la política inmigratoria se ha basado en el concepto de que los Estados Unidos es intrínsecamente un lugar deseable para vivir y trabajar. Mientras esperamos que la premisa subyacente siempre siga siendo cierta, necesitamos que nuestro sistema de inmigración refleje la realidad de que la economía estadounidense no siempre es vibrante y que nos encontramos en firme competencia global por inmigrantes.

Como cualquier otro bien o servicio de valor, la inmigración funciona de acuerdo a la oferta y la demanda. Si la demanda de inmigrantes sobrepasa la oferta, esto llevará al mercado negro, como lo hemos evidenciado durante las últimas décadas. Las ineficiencias impuestas por el Gobierno, asimismo crearán distorsiones en el mercado, como la falta o el exceso de la oferta. Nuestra política inmigratoria actual busca suprimir la oferta y la demanda a través de una serie de preferencias y cupos gubernamentales. Encaminarse a un sistema de inmigración basado en la demanda ayudaría muchísimo a enfrentar los urgentes desafíos económicos de nuestra nación.

"[E]l problema con el sistema de inmigración de los Estados Unidos", observa Jeff Jacoby, "no es que hay demasiadas personas que rompen las reglas. Es que las reglas en sí son irracionales, iliberales y contraproducentes".[11] A algunas personas se les permite convertirse en residentes legales automáticamente, aunque no trabajen y vayan a consumir muchísimos servicios sociales. (De hecho, ¡algunos inmigrantes tienen prohibido trabajar!). Otros que contribuirían muchísimo tienen que esperar décadas para una visa, si es que logran conseguirla.

De las varias críticas serias y legítimas que se pueden hacer en contra del sistema de inmigración actual, dos en particular se destacan en cuanto a su impacto enormemente perjudicial:

- No estamos trayendo inmigrantes altamente capacitados en cantidades suficientes como para cumplir con nuestras necesidades y maximizar la futura prosperidad estadounidense.
- No hay un camino realista para la mayoría de las personas que simplemente quieren convertirse en ciudadanos estadounidenses.

Hay una explicación importante para ambos problemas: nuestra política inmigratoria está motivada por una preferencia predominante por la reunificación de la familia, lo cual a su vez tiene una definición muy amplia. A diferencia de todos los demás países, en los Estados Unidos los familiares de aquellos que ya son inmigrantes dan cuenta de una gran mayoría de nuevos candidatos legales en nuestro país, desplazando a la mayoría de los demás, incluyendo los inmigrantes que contribuirían enormemente al crecimiento económico.

No siempre fue así. En el año 1970, la inmigración en base al trabajo era responsable del 70% de todos los recién llegados a los Estados Unidos.[12] Pero desde que se cambió la ley federal para hacer de las preferencias para parientes lejanos una prioridad de la inmigración, los números se han dado vuelta. Para 2011, les fue otorgada la residencia legal permanente en los Estados Unidos a alrededor de un millón de inmigrantes —un número promedio durante la última década.[13] De ese número, 453.000 —casi la mitad— eran familiares inmediatos, ya fueran cónyuges, hijos menores o padres de ciudadanos estadounidenses, la mayoría anteriormente inmigrantes. Otros 235.000 eran otros parientes, incluyendo hijos mayores, nietos y hermanos. Es decir, cerca del 65% —casi dos tercios— de todos los nuevos residentes permanentes consiguió el estatus gracias al estatus de su familia.

En cambio, solo 139.000 —aproximadamente el 13%— fueron admitidos por propósitos laborales. Otros 113.000 fueron refugiados, y 50.000 llegaron a través de la "lotería de diversidad". Esa lotería fue creada para que ciertos países no dominaran totalmente la inmigración —de hecho, se piensa que fue un gesto de aprobación al *lobby* de inmigrantes irlandés. La lotería de diversidad ilustra vívidamente la demanda contenida por la inmigración estadounidense: en 2008, 13,6 millones de extranjeros compitieron por los 50.000 puestos de diversidad, o aproximadamente 250 solicitantes por cada visa.[14] Sin embargo, aparte de los parientes de inmigrantes, los trabajadores, los refugiados y un manojo de otras categorías de visas altamente especializadas, el tremendo exceso de solicitudes para la lotería de diversidad es el único medio por el cual la mayoría de la gente puede entrar legalmente a los Estados Unidos.

No podemos controlar nuestro sistema de inmigración hasta no lidiar seriamente con la política de preferencia familiar. La reunificación de la familia abarca dos categorías. La primera incluye familiares "inmediatos", definidos como cónyuges, niños menores solteros y padres de ciudadanos estadounidenses. Esos parientes no tienen límite numérico. La segunda categoría es la entrada preferencial que se extiende a hijos adultos y solteros de ciudadanos estadounidenses, la familia inmediata de los residentes permanentes legales, hijos adultos casados de ciudadanos estadounidenses y hermanos de ciudadanos estadounidenses. La segunda categoría tiene un tope de 226.000 por año. El número total de inmigrantes de familia reunificada es mucho mayor que los números pronosticados por los partidarios de la ley de inmigración actual.

Cuando a los padres y hermanos se les da preferencia migratoria, su entrada, a su vez, crea un derecho para un gran número de otros familiares lejanos para que también reciban preferencia —un fenómeno llamado "inmigración en cadena". Ciertamente, los números son tan grandes que aun con los parientes representando casi dos tercios de todos los inmigrantes legales, sigue habiendo un gran retraso de parientes elegibles esperando la entrada.

En cuanto al análisis de costo/beneficio, los parientes lejanos típicamente no producen los beneficios económicos que sí producen los inmigrantes de trabajo, e imponen costos mucho más altos. Muchos de los parientes lejanos inmigrantes son niños, gente mayor u otros que no trabajan pero a menudo consumen una parte desmedida de los servicios sociales como la educación y el cuidado de salud.

Si queremos aumentar el número de inmigrantes de trabajo sin aumentar considerablemente el número total de inmigrantes, debemos reducir la inmigración familiar. Hacer esto requiere limitar la definición de "familia" con el propósito de entrada preferencial. Los Estados Unidos, en ese sentido, es atípico. La Unión Europea, por ejemplo, limita la reunificación familiar a cónyuges e hijos menores.[15]

Nosotros proponemos limitar la entrada garantizada a cónyuges e hijos menores de ciudadanos estadounidenses. La esencia de la reunificación familiar es reunir a parejas casadas y sus hijos. En cambio, los hermanos y padres causan una inmigración en cadena considerable porque sus hijos, hermanos y padres entonces también reciben una entrada preferencial garantizada. Modificaríamos aún más la política de dos maneras. Primero, "eximiríamos" a los parientes que han solicitado la reunificación familiar en el momento en que la nueva política sea adoptada, así no deben comenzar el proceso de nuevo. Segundo, agregaríamos a la categoría de entrada garantizada a los cónyuges e hijos menores solteros de los residentes permanentes legales. Como actualmente se encuentran relegados al segundo nivel de la política de entrada preferencial, muchos esposos, esposas e hijos de residentes permanentes legales permanecen separados durante años —lo cual crea presión para los residentes permanentes legales para irse o traer a sus familias ilegalmente.

Los críticos objetan que definir a la familia como una familia nuclear refleja los valores occidentales en lugar de los valores culturales de muchos de los inmigrantes actuales. Pues sí. Somos una nación occidental, y nuestra política inmigratoria debería reflejar nuestros valores. Pero los estadounidenses también le confieren un valor significativo a los parientes lejanos, y definitivamente no proponemos excluirlos. Se les debería permitir a los parientes lejanos buscar un camino a la inmigración estadounidense —pero a nuestro parecer, a través de canales de inmigración normales (aunque ampliados) en vez de por preferencia otorgada a otro tipo de inmigrantes.

Limitar el alcance de las preferencias familiares abriría cientos de miles de oportunidades para inmigrantes sin siquiera aumentar el número actual de inmigrantes legales que vienen a los Estados Unidos cada año. Dada la urgencia de traer inmigrantes altamente capacitados y brindarles una vía a la ciudadanía, es imprescindible que hagamos precisamente eso.

Proponemos crear cuatro categorías generales de inmigración:

1. La inmigración familiar, definida como cónyuges e hijos menores de ciudadanos estadounidenses y residentes permanentes legales.

2. Visas de trabajo, ampliadas extensamente más allá de los números actuales. Más adelante discutiremos los parámetros de cómo funcionaría este sistema.

3. Un sistema de inmigración regular. Este sistema reemplazaría la lotería de diversidad y aumentaría sus números. Cualquier persona patrocinada por un ciudadano estadounidense sin antecedentes penales y que no dependerá de servicios sociales podría buscar la entrada a través de este proceso —incluyendo parientes lejanos de ciudadanos estadounidenses y residentes permanentes legales— de manera no preferencial, por orden de llegada.

4. Inmigración para asilo y refugiados.

Basados en los números actuales, estimamos que bajo esta nueva política, las admisiones por preferencia familiar serían de alrededor de 350.000 inmigrantes anualmente y los refugiados seguirían sumando 100.000 anualmente. Aun sin un aumento en los números actuales de inmigración, esto dejaría alrededor de 550.000 puestos para inmigrantes regulares y de trabajo. Si se dividieran por la mitad, eso doblaría el número actual de oportunidades para inmigrantes de trabajo sin dejar de proporcionar abundantes oportunidades para la inmigración familiar y para otros que deseán venir a los Estados Unidos.

Crear una vía "normal" a la ciudadanía sería un paso muy importante en una reforma migratoria significativa. La mayoría de las personas piensa que ese es el proceso tradicional de inmigración. Muchos estadounidenses probablemente no se dan cuenta de que la avenida tradicional de inmigración está prácticamente cerrada por nuestro sistema actual. Mientras los inmigrantes en el pasado "esperaban su turno en la fila", *no hay fila alguna en la que la mayoría de aquellos que aspiran a convertirse en estadounidenses puedan aguardar con una esperanza real de ser admitidos.* Al resucitar ese proceso vital, y aumentar la inmigración de trabajo, reduciríamos enormemente la presión de la inmigración ilegal.

Un ejemplo de las personas que podrían aprovechar un camino de inmigración normal es el de los miembros de la clase media china; cientos de miles dejan China cada año.[16] Tienden a ser profesionales con algo de ahorros; pero si no son estudiantes o inversores ricos, no tienen habilidades especiales o no tienen parientes en los Estados Unidos, hay pocas posibilidades de que emigren a los Estados Unidos. Un caso típico es el de Wang Ruijin, una secretaria en una compañía de medios en Beijing, quien lamentaba que "para llevarse bien aquí [en China] debes ser corrupto o tener conexiones; nosotros preferimos una vida más estable". Ella y su esposo planean enviar a su hija a una escuela en Nueva Zelanda, con la esperanza de que le abra las puertas para que toda la familia se pueda ir. Como los Estados Unidos no tiene una opción para tales inmigrantes, estamos perdiendo muchas personas trabajadoras que enriquecerían nuestro país.

El proceso de inmigración en general se vería aún más mejorado si la agencia de inmigración pudiera proyectar un tiempo de espera estimado, asignando números y representantes personales para que los aspirantes a inmigrante puedan hacer planes y mantenerse informados en cuanto al estatus de sus solicitudes. Eso sería especialmente útil para los que tienen visas de trabajo, quienes a menudo se encuentran en el limbo de la inmigración, sin poder cambiar de trabajo y sin tener idea de si podrán obtener la tarjeta verde y cuándo podría ocurrir. Un proceso de inmigración reformado debería encarnar los dos elementos esenciales de un sistema eficiente y funcional que fomenta la ley: certeza y previsibilidad.

Dividiríamos el número incrementado de visas de trabajo entre trabajadores altamente capacitados y un programa de trabajadores invitados para los menos capacitados. Para ambos tipos de trabajadores, deberíamos crear una vía clara a la ciudadanía.

Un gran defecto de nuestro sistema actual es que los estudiantes extranjeros obtienen educación terciaria valiosa en los Estados Unidos y luego no pueden conseguir una visa de trabajo. De igual manera, los trabajadores altamente capacitados consiguen visas de trabajo pero luego no pueden obtener la tarjeta verde. Dos cambios importantes serían de gran ayuda para aumentar la oferta de inmigrantes capacitados. Primero, los estudiantes que obtienen títulos terciarios en las áreas de ciencia, tecnología, ingeniería y matemática (STEM, por sus siglas en inglés), deberían tener el derecho automático a visas de trabajo si consiguen trabajos en esas áreas al graduarse. Ese empleo no debería estar ligado solamente a grandes compañías, sino que también debería incluir pequeñas compañías y compañías que recién comienzan, las cuales son fuerzas tan dinámicas dentro de nuestra economía. Segundo, los trabajadores en ocupaciones especialmente importantes que requieren habilidades especializadas deberían recibir tarjetas verdes después de un tiempo determinado, y deberían saber esto por adelantado.

Algunos países usan sistemas de puntos para determinar las prioridades de entrada para trabajadores inmigrantes con habilidades especiales. Creemos que la agencia de inmigración debería poder establecer prioridades basadas en un criterio objetivo incluyendo habilidades que tienen una demanda en particular y las tasas de desempleo en ocupaciones específicas. De esa manera, nuestro sistema de inmigración nos permitiría alcanzar nuestras necesidades más urgentes sin exacerbar el desempleo.

La reforma también debería incluir a los empresarios. La ley actual otorga un pequeño número de visas EB-5 de corto plazo para extranjeros que invierten $500.000 en zonas en peligro. Si la inversión crea al menos diez empleos nuevos, la visa se convierte automáticamente en una tarjeta verde. En 2008, 945 inmigrantes invirtieron $400 millones bajo el programa. De igual manera, una ley propuesta llamada StartUp Visa Act tiene apoyo bipartidista. Le otorgaría visas de dos años a extranjeros que pueden atraer $250.000 en capital de inversores estadounidenses. Si crean cinco o más trabajos y exceden $1 millón en ingresos o capital nuevo, la visa se convierte en una tarjeta verde.[17]

Estamos a favor de todo lo mencionado anteriormente, en números ilimitados. Los nuevos inversores nunca son demasiados. Pero somos conscientes de que la gran mayoría de los fundadores de negocios creados por inmigrantes llegaron no como inversores o empresarios sino como estudiantes o trabajadores. Las visas de estudiantes deberían ser abundantes y fácilmente accesibles, no solo por el talento que muchos estudiantes extranjeros traen como posibles futuros estadounidenses, sino por la buena voluntad que engendran hacia los Estados Unidos si regresan a sus países de origen. Al respecto, las universidades privadas proporcionan un excelente mecanismo de selección para traer a los estudiantes más talentosos, eliminando la necesidad de que el Gobierno tome tal decisión.[18]

De igual modo, un programa de trabajadores invitados ligado a la demanda del mercado es parte esencial de una reforma migratoria fundamental. La visa provisional de trabajador invitado debería poder renovarse anualmente mientras continúe la relación laboral. Si los trabajos desaparecen, el número de visas de trabajadores invitados también disminuirá. La Fundación Krieble aboga por un programa de "tarjeta roja", en donde los trabajadores extranjeros provisionales se emparejarían en una base de datos informática con posibles empleadores. Los empleados entonces recibirían una tarjeta roja con un microchip que permite que las autoridades de inmigración puedan monitorear la entrada y salida, y que puede usarse por el empleador para verificar elegibilidad. Los trabajadores invitados estarían sujetos a todas las leyes aplicables como la del salario mínimo y los impuestos sobre nóminas. Tal política aseguraría una corriente adecuada mas no excesiva de trabajadores provisionales para los muchos trabajos que no pueden ser fácilmente ocupados por trabajadores nativos —y nuevamente permite que el mercado, en lugar del Gobierno, determine cuáles son las habilidades requeridas y qué trabajadores son los que están mejor capacitados para proporcionarlas.

Un proceso de trabajador invitado provisional también nos permite "probar" futuros ciudadanos estadounidenses. La ley actual requiere que los trabajadores provisionales declaren su intención de no emigrar a los Estados Unidos.[19] Eso no tiene sentido dado que el programa de trabajadores invitados proporciona la oportunidad para que visitantes demuestren las cualidades que deseamos para la ciudadanía estadounidense. Creemos que después de cinco años de trabajar conforme a visas provisionales de trabajo renovables, los trabajadores invitados deberían tener el derecho a tarjetas verdes si han obedecido la ley y pagado impuestos. Muchos trabajadores invitados solo pretenden trabajar por temporadas en los Estados Unidos, por lo que esto no sería necesariamente un incentivo para ellos. Pero al establecer el camino a la ciudadanía para aquellos que siguen las reglas y benefician a nuestro país, quitamos otro incentivo perverso más para la inmigración ilegal para aquellos que quisieran permanecer en los Estados Unidos de forma permanente.

Hay una reforma más que es absolutamente esencial: el número de visas de trabajo debería ajustarse automáticamente, usando un criterio objetivo similar, de forma anual para reflejar los cambios en las necesidades del mercado. Los números en la inmigración de la mayoría de los países se ajustan ante condiciones cambiadas; los nuestros, en cambio, están grabados en piedra.[20] La experiencia reciente con el vencimiento de una alta cantidad de números para visas de trabajo de alta capacitación —lo cual redujo el número por casi dos tercios— causó una severa escasez de trabajadores capacitados. Sin embargo, cuando se vencieron los números, el Congreso estaba políticamente paralizado en cuanto a temas de inmigración y no pudo actuar. No podemos darnos el lujo de arriesgar la futura oferta de trabajadores capacitados por los caprichos políticos siempre cambiantes. Al establecer un criterio objetivo de acuerdo con el ajuste numérico automático, creamos un sistema de inmigración de demanda que podríamos llamar el sistema de Ricitos de Oro: nunca demasiado caliente, nunca demasiado frío y siempre prácticamente en la medida justa. Cualquier Congreso futuro podría, obviamente, ajustar la fórmula. Pero el punto es que los cambios adecuados en los números de inmigración no requerirían de acción congresal y, por ende, no estarían sujetos a las vicisitudes de la política.

Aumentar los canales legales para la inmigración de trabajo debería eliminar cualquier excusa para que los empleadores contraten a inmigrantes ilegales. Como resultado, las actuales leyes de sanciones al empleador deberían hacerse cumplir agresivamente. Los empleadores que desobedecen la ley tienen una ventaje injusta sobre los competidores que cumplen. La agencia de inmigración debería contar con el poder para usar cualquier tecnología que le resulte adecuada para maximizar la fidelidad de la ley, como E-Verify que coteja la identificación con bases de datos federales. Actualmente, solo una pequeña fracción de empleadores participa voluntariamente[21] y solo uno de cada ocho posibles empleados pasan por E-Verify, a pesar de que el 92% de los pedidos de revisiones de identificación se hace al instante. Ese sistema tiene el potencial para ser mejorado lo suficiente como para hacerlo obligatorio.[22] A su vez, se les debe dar garantías a los empleadores para asegurarles que si cooperan con cualquier sistema establecido, no serán penalizados si el sistema falla. Una ley de reforma migratoria integral debería permitir cierta flexibilidad administrativa para reflejar los avances tecnológicos en la verificación del estatus del empleado, y a su vez requerir que el Gobierno federal les extienda garantías a los empleadores que han obedecido de buena fe.

Para todas las formas de inmigración, las restricciones actuales sobre los beneficios gubernamentales deberían mantenerse en vigencia. Ciertamente, como discutiremos más adelante, creemos que los estados deberían recibir más libertad para establecer reglas para los beneficios gubernamentales. Es vitalmente importante para el éxito de nuestro sistema de inmigración, y para mantener el apoyo público de ese sistema, que los inmigrantes lleguen a los Estados Unidos por las razones correctas: la libertad y la oportunidad, no la asistencia social.

Efectuar estos cambios transformaría nuestro sistema de inmigración en uno que sirve las necesidades e intereses de los Estados Unidos y que le proclama al mundo que seguimos siendo una tierra de oportunidades. Nos permitirá competir más efectivamente con países que ya han hecho cambios importantes en sus sistemas de inmigración, y aprovechará la energía de los inmigrantes para hacer crecer nuestra economía. También quitará los incentivos para emigrar ilegalmente.

Este ese el tipo de política inmigratoria que necesitamos para mantener nuestra posición como la mejor nación del mundo.

3. UN MAYOR PAPEL PARA LOS ESTADOS

Muchas historias de la política inmigratoria estadounidense en general pasan por alto el hecho de que, durante gran parte del primer siglo de los Estados Unidos, la política inmigratoria estaba casi exclusivamente bajo el dominio de las autoridades del estado.[23] La Constitución le asigna autoridad sobre la naturalización al Congreso, la cual es bastante diferente a la inmigración. Desde luego, el Gobierno federal tiene el dominio constitucional exclusivo sobre la política exterior y el comercio, y no nos vendría bien tener cincuenta políticas inmigratorias diferentes. Contemplar tal escenario no tiene mucho sentido dado que la Corte Suprema de los Estados Unidos repetidamente ha reconocido la hegemonía del Gobierno federal sobre la inmigración.

Reconocer que el Gobierno federal debe tener y tiene la autoridad primaria sobre la política inmigratoria no significa, sin embargo, que no pueda ni deba elegir compartir esa autoridad con los estados de manera sensata. Ya lo hace de manera limitada. Si el Congreso fuera a autorizar expresamente que los estados jueguen un papel más importante, a nuestro parecer no solo mejoraría la política inmigratoria de nuestra nación, sino que también podrían aumentar enormemente las posibilidades de una aceptación política más amplia para una reforma migratoria integral positiva.

Nuestro sistema federalista visualiza diferencias políticas entre los estados, reflejando diferentes necesidades y prioridades y fomentando la innovación y la competencia. En particular, los estados tienen necesidades, intereses y prioridades variados cuando se trata de inmigración. Por ejemplo, un estado agrícola puede tener mayor necesidad de trabajadores por temporadas. Los estados con industrias de alta tecnología pueden querer elevar el número de visas para trabajadores altamente capacitados. Los estados que tienen sistemas de asistencia social generosos pueden estar interesados en limitar el acceso de los inmigrantes a esos servicios —o pueden elegir, como política, hacer que esos beneficios sean aún más accesibles. Aun otros pueden querer minimizar el impacto de los inmigrantes en sus economías. Permitir algo de variedad entre los estados para reflejar sus prioridades respectivas marcaría una innovación importante en la política inmigratoria basada en la fuerza y vitalidad de nuestro sistema federalista.

Ante todo, la relación entre el Gobierno federal y los estatales al hacer cumplir la política inmigratoria debería ser de socios, no rivales. Desafortunadamente, durante los últimos años ha ocurrido lo contrario. Probablemente, nada podría mejorar la política inmigratoria más que fortalecer la creciente autonomía estatal y la relación cooperativa entre el Gobierno federal y los estatales cuando se trata de inmigración.

Consideramos que tal flexibilidad tiene sentido en dos áreas principales.

La primera es la de los servicios sociales. La noción de que los inmigrantes deberían venir a los Estados Unidos por la oportunidad, no la asistencia social, ha sido un pilar de la política inmigratoria nacional desde el comienzo —ciertamente, mucho antes de haber desarrollado una extensa red de beneficios sociales. El concepto de que los recién llegados deberían ganarse su propio sustento, debe mantenerse como un principio básico vitalmente importante de la política inmigratoria estadounidense —no solo para generar apoyo público para la inmigración, sino para asegurar que las consecuencias económicas a largo plazo de la inmigración sigan siendo positivas. Bajo la ley federal, los inmigrantes ilegales solo tienen derecho a una educación desde kínder hasta el último año de secundaria y a servicios médicos de urgencia, y hasta los inmigrantes legales no son inmediatamente elegibles para la mayoría de los programas de asistencia social. Los niños nacidos en los Estados Unidos, sin embargo, son ciudadanos y, por lo tanto, tienen derecho a los servicios sociales.

A pesar de la elegibilidad limitada, los costos son considerables. El 37% de los inmigrantes recibe algún beneficio de la asistencia social, comparado con el 22,5% entre la población nativa. El porcentaje de inmigrantes que recibe asistencia social varía dramáticamente entre estados —en Virginia, los beneficiarios de la asistencia social representan solo un 20,2% de la población inmigrante, comparado con el 48,1% en Minnesota.[24]

Los estados ya tienen una flexibilidad significativa cuando se trata de proveer beneficios a los inmigrantes ilegales y establecer requisitos para que los inmigrantes legales puedan obtener beneficios.[25] Como los estados corren con la mayor parte del costo de muchos de los beneficios de asistencia social —en especial la educación y el cuidado de salud— les tendría que ser dada una flexibilidad aún mayor.

Es por esto que el intento de la administración de Obama de obligar a los estados a adoptar una gran ampliación de Medicaid como parte de su programa de cuidados de salud nacional tuvo el efecto de exacerbar el sentimiento antiinmigrante. Aunque la administración le aseguró a los estados que los inmigrantes ilegales no serían elegibles para los beneficios de Medicaid, sus hijos nacidos en los Estados Unidos sí son elegibles porque son ciudadanos. Además, si a los inmigrantes ilegales les ofrecen una vía para la ciudadanía o residencia legal permanente, al final también serán elegibles. Afortunadamente, la Corte Suprema de los Estados Unidos frenó la ampliación de Medicaid por un voto de 7 a 2 como excesivamente coactivo y por lo tanto contrario a los principios constitucionales del federalismo. La propuesta no debería resucitarse.

En su lugar, el Congreso debería conferir autoridad explícita a los estados para determinar cuáles servicios se debería proveer a los inmigrantes, tanto a los ilegales como a aquellos quienes aún no han adquirido la residencia legal permanente o la ciudadanía, y bajo cuáles términos y condiciones podrían recibir esos servicios. A los estados se les debería permitir determinar requisitos razonables de duración y/o tarifas de servicios para usuarios, es decir, requerir que los inmigrantes contribuyan al ingreso fiscal durante un período mínimo de tiempo antes de convertirse en elegible para recibir los servicios sociales, o requerir que contribuyan al costo. En particular, en cuanto a los servicios de urgencia médica —que deben estar disponibles para todos bajo la actual ley federal—, los estados deberían poder definir qué servicios se encuentran cubiertos, para que las salas de urgencias no se usen más para obtener cuidados que no son urgentes a costa del contribuyente.

Si la oportunidad para emigrar se separa de los derechos a la asistencia social, y si a los estados se les otorga mayor libertad para determinar la elegibilidad para tales programas o compensar los costos, es probable que el apoyo público a la reforma migratoria aumente al tiempo que alienta a los inmigrantes que vienen a trabajar. En última instancia, aquellos que contribuyen a los cofres públicos deberían ser igualmente elegibles para los servicios sociales. Pero cuanto más ampliamos la elegibilidad, más grande es la carga que recae sobre esos recursos y los que pagan por ellos. Siendo las entidades que corren con la mayor parte de la carga, los estados deberían tener flexibilidad máxima para decidir quién es elegible para sus servicios y bajo qué circunstancias.

La segunda área en la que a los estados se les debería dar más flexibilidad es la de hacer cumplir las leyes. Controlar la inmigración es un gran trabajo —uno que creemos se reduciría considerablemente si arreglamos nuestra política inmigratoria en general, pero de todas formas es un trabajo desafiante. Los inmigrantes ilegales que cometen delitos deberían representar una prioridad para las autoridades tanto a nivel nacional como a nivel local. Ciertamente, permitir que los inmigrantes ilegales depreden la gente y la propiedad es una evasión de la responsabilidad federal. De igual modo, los inmigrantes que están aquí legalmente pero están involucrados en crímenes deberían ser retirados.

De hecho, la probabilidad de que los inmigrantes ilegales que cometen delitos y no son retirados cometan más delitos es muy alta. El Comité Judicial de la Cámara de Representantes de los Estados Unidos determinó que 7.283 inmigrantes ilegales que no fueron detenidos después del primer arresto, prosiguieron a ser arrestados con 16.226 cargos, incluyendo 1.800 delitos serios como asesinatos y crímenes sexuales.[26] La combinación de estatus ilegal y perpetrar un crimen debería ser automáticamente suficiente para la deportación; aun aquellos que están en nuestro país legalmente deberían ser deportados si comenten delitos serios.

Desde 1996, el Gobierno federal ha estado autorizado para hacer acuerdos con policías estatales y locales para ayudar a hacer cumplir las leyes de inmigración.[27] Autoridades federales han suplido a las autoridades del orden público en más de la mitad de los estados, para revisar el estatus migratorio de las personas detenidas por delitos serios.[28] Esos programas deberían estar disponibles, junto con el entrenamiento adecuado, para cada entidad estatal y local que desee tal arreglo. Las autoridades federales deberían estar obligadas a iniciar y llevar a cabo procesos de deportación en contra de cualquier inmigrante no ciudadano, ya sea una persona que se encuentre aquí ilegalmente como una con una visa provisional, que haya cometido un crimen violento, un delito serio contra una propiedad o un crimen serio relacionado con el fraude. Los costos financieros y humanos de dichos crímenes recaen en los gobiernos locales y sus residentes. Si el Gobierno federal tiene la autoridad sobre la política inmigratoria, también debe tener la responsabilidad y obligación de hacerla cumplir. Una mejor coordinación entre las agencias locales y nacionales es esencial para hacer cumplir la ley efectivamente.

Los estados que comparten fronteras con otros países también deberían tener la libertad de desplegar unidades de la Guardia Nacional según sea necesario para realzar la seguridad fronteriza. Desde luego, tal esfuerzo estatal y local debe estar subordinado a la supervisión y el control federal. Pero si los gobiernos estatales y locales creen que los recursos federales son inadecuados para controlar sus fronteras, deberían tener permiso para suplementar esos recursos con los suyos propios.

Finalmente, los estados deberían poder proteger la integridad de la franquicia con leyes de identificación del votante, las cuales están apoyadas por la gran mayoría de los estadounidenses, incluyendo a los hispanos.* Mientras los estados se aseguren de

---

* Hemos elegido usar el término *hispano* para describir a los inmigrantes de Latinoamérica. Reconocemos la gran diversidad dentro de esa amplia categoría. De acuerdo a una encuesta del Pew Hispanic Center, la mayoría de los hispanos se identifican por su país de origen, como los mexico-americanos o los cubanoamericanos. En cuanto a una identificación más genérica, la mayoría dice no tener preferencia entre hispano o latino; pero entre aquellos que sí la tienen, hispano es preferido por un porcentaje de 31–14 de la mayoría. Ver Paul Taylor, Mark Hugo Lopez, Jessica Hamar Martinez y Gabriel Velasco, "When Labels Don't Fit: Hispanics and Their Views of Identity", Pew Research Center, 4 de abril de 2012, pág. 3.

que obtener tales identificaciones sea fácil para los ciudadanos, deberían tener la libertad de requerir tal identificación para votar o para pedir beneficios de asistencia social. Nuevamente, algunos estados no crearán tales requisitos; pero otros sí lo harán, y tienen fuertes justificaciones para hacerlo. El Tribunal de Apelación del Noveno Circuito de los Estados Unidos detuvo la ley de identificación del votante de Arizona bajo el argumento de que los estados no pueden agregar requisitos a las leyes de votos federales.[29] La Corte Suprema de los Estados Unidos le concedió una revisión al caso y probablemente emita una resolución alrededor del tiempo en que este libro se imprima. Independientemente del resultado, el Congreso puede y debe autorizar a los estados a crear tales requisitos de identificación. En vez de cargarlos con el peso del Gobierno federal por ejercer los atributos más básicos de la soberanía estatal, nuestra ley de inmigración federal debería expresamente reconocer esa prerrogativa central.

Aunque gran parte de la atención sobre la acción de inmigración estatal se ha puesto sobre Arizona y otros estados que han intentado restringir beneficios y ajustar el cumplimiento de la ley, Utah ilustra una dirección alternativa que podrían elegir algunos estados si se les otorgara una autonomía mayor. En 2011, Utah promulgó un paquete de leyes llamando a un cumplimiento más estricto de las leyes de inmigración, un programa de trabajadores invitados para cubrir las necesidades laborales del estado, y multas o permisos laborales para trabajadores no autorizados.[30] Algunas de las medidas probablemente sean ilegales bajo la ley federal actual y los precedentes de la Corte Suprema de los Estados Unidos. Pero el deseo de Utah de tomar un camino diferente al del estado al sur, ilustra la conveniencia de darle a los estados alguna flexibilidad para hacer ajustes a un sistema de inmigración genérico.

Consideramos que otorgarle a los estados una mayor autonomía sobre las políticas relacionadas con la inmigración —no como una idea tardía sino como un componente central de la reforma migratoria integral— podría marcar un avance significativo en el impasse sobre la política inmigratoria. De igual modo, reemplazar la relación antagonista entre el Gobierno federal y los estados con una asociación genuina haría mucho más efectiva la política inmigratoria.

4. LIDIANDO CON LOS INMIGRANTES ILEGALES ACTUALES

Ningún plan migratorio integral puede ignorar a las varias millones de personas viviendo ilegalmente en los Estados Unidos.

Este es el tema en el que los valores centrales que discutimos anteriormente se cruzan más pronunciadamente: debemos tratar a aquellos que se han establecido en nuestro país ilegalmente con compasión y sensibilidad, pero sin sacrificar la ley que es vital a nuestro tejido nacional. La amnistía al por mayor que se otorgó en la década de los ochenta fomentó el primero de esos valores mientras que abandonó el segundo, con el resultado claramente predecible del ingreso de millones de inmigrantes ilegales más al país.

Esta vez, necesitamos vindicar ambos valores centrales. Por un lado, deberíamos tratar de ponernos en el lugar de la gente que entró al país ilegalmente: a menudo enfrentaban circunstancias económicas imposibles en sus países de origen, con un futuro sombrío para ellos y sus familias, pero no tenían un proceso realista para emigrar legalmente a este país. Por otro lado, permitir que la gente inmigre ilegalmente sin consecuencias mientras otros millones esperan para entrar por medios legales es evidentemente injusto. Además, crea un fuerte incentivo para la inmigración ilegal al tiempo que envía una señal de que realmente no valoramos la ley.

El desafío en cuanto a la gente que está aquí ilegalmente tiene dos componentes muy diferentes: aquellos que entraron ilegalmente como adultos y aquellos que llegaron de niños. Consideramos que, bajo la Constitución, los niños que nacen dentro de los límites de los Estados Unidos son ciudadanos, así que no abordamos ese tema, porque ese estatus solo se puede cambiar con una enmienda constitucional.

Muchos de los inmigrantes ilegales que entraron como adultos son miembros de sus comunidades, trabajadores y están bien establecidos. Pero, por definición, viven en la sombra de la sociedad. "Aunque viven entre nosotros, pagan IVA (Impuesto al Valor Agregado) e impuesto sobre la propiedad como nosotros y hasta hacen trabajos para nosotros, la ley dicta que deben estar 'apartados' de nosotros", escribe W. Randall Stroud, un abogado de inmigración de Carolina del Norte. "Es ilegal que trabajen al lado nuestro en la mayoría de nuestros trabajos, que conduzcan autos en casi todos los estados y, en algunos estados, que asistan a las universidades con los mismo amigos que estaban en sus clases de secundaria".[31] Con la llegada de la recesión durante la última década, y el aumento de los esfuerzos por identificar y deportar a inmigrantes ilegales, muchos inmigrantes literalmente desaparecieron de sus casas en el medio de la noche. Gran parte de la información que existe sobre ellos es anecdótica. Al parecer, muchas familias tenían tanto miembros legales como ilegales. Algunos se mudaron de un estado a otro; otros regresaron a sus países de origen. En muchas instancias, sus partidas exacerbaron la crisis económica cuando los inmigrantes abandonaron sus casas y dejaron de pagar impuestos.

No es bueno para nadie que los inmigrantes ilegales y sus familias vivan en la oscuridad. Necesitamos que todos participen en la economía, paguen impuestos, participen abiertamente en sus comunidades, estén dispuestos a denunciar crímenes —es decir, ser miembros responsables de la sociedad. Eso no puede ocurrir cuando la gente tiene miedo de ser detenida si se descubre su estatus migratorio.

Proponemos una vía hacia el estatus de residente legal permanente para aquellos que entraron a nuestro país ilegalmente como adultos y que no han cometido ningún crimen adicional de importancia. El primer paso para obtener ese estatus sería declararse culpable de haber cometido el delito de entrada ilegal, y recibir una sanción adecuada consistiendo en multas y/o prestación de servicios a la comunidad. Los que no se presentan bajo este proceso serán sujetos a una deportación automática, a menos que decidan regresar a sus países de orígen por voluntad propia.

Una vez que los inmigrantes que entraron ilegalmente como adultos se declaren culpables y paguen las multas pertinentes o presten servicios a la comunidad, serán elegibles para comenzar el proceso de conseguir la residencia legal permanente. Ganarse tal residencia debe incluir el pago de impuestos, aprender inglés y no cometer delitos importantes.

Sin embargo, la residencia permanente bajo este contexto no debería llevar a la ciudadanía. Es absolutamente vital a la integridad de nuestro sistema de inmigración que las acciones tengan consecuencias —en este caso, que aquellos que violaron las leyes pueden permanecer pero no pueden obtener los frutos preciados de la ciudadanía. Hacer lo contrario nuevamente enviaría una señal de que las personas que eluden el sistema igualmente pueden obtener todos los beneficios de la ciudadanía estadounidense. Respetar la ley debe ser un prerrequisito básico para obtener la ciudadanía. Pero aquellos que entraron ilegalmente, a pesar de las razones imperiosas para hacerlo en muchas instancias, lo hicieron sabiendo que estaban violando la ley. Conceder la ciudadanía es un premio inmerecido para una conducta que no podemos darnos el lujo de incitar. Sin embargo, los inmigrantes ilegales que desean ser ciudadanos deberían tener la elección de regresar a sus países de origen y solicitarla a través de los procesos normales de inmigración que ahora serían mucho más abiertos que antes.

Esta propuesta combina dos características necesarias para

una política inmigratoria exitosa: proporciona una opción que es suficientemente segura y atractiva como para que los inmigrantes ilegales la sigan, mientras que a su vez impone suficientes sanciones como para ratificar la ley. Esta propuesta no significa ni en lo más mínimo una amnistía. La amnistía permite que las personas escapen de las consecuencias de una conducta ilegal. Nuestra propuesta impone dos sanciones por la entrada ilegal: multas y/o prestaciones de servicio a la comunidad, y la falta de elegibilidad para la ciudadanía. Pero permite que los inmigrantes ilegales que han probado ser miembros de la comunidad que han obedecido las leyes se puedan quedar en nuestro país. Preserva las familias y las comunidades, y proporciona seguridad y permanencia. Trae la luz del sol a la sombra.

Los inmigrantes ilegales que fueron traídos a este país de niños presentan una situación muy diferente. Entrar al país ilegalmente requiere una intención que no podemos atribuirle a los niños cuando se encontraban bajo el control de los adultos. No son responsables por el delito de sus padres. La mayoría de los niños y jóvenes que han estado aquí por mucho tiempo hablan inglés como primer idioma, sus amigos y muchos de sus parientes están aquí, y no conocen otro país. Son estadounidenses en todo sentido menos en el estatus legal.

La mayoría de los esfuerzos por lidiar con este tema se han centrado en la ley DREAM que, de haber sido aprobaba por el Congreso, le hubiera concedido el estatus de residencia permanente a la gente joven que fue traída ilegalmente al país, que vivió aquí durante por lo menos cinco años y que logró el ingreso a una institución terciaria. En lugar de liderar el frente para la acción legislativa, el presidente Obama disfrazó una cuasi ley DREAM con la apariencia de una política discrecional de cumplimiento de la ley. Desafortunadamente, esa acción ejecutiva deja a aquellos que se aprovechan de la política en un estado continuo de incertidumbre al no conferir un estatus legal definitivo o permanente.

Creemos que las ideas incluidas en la ley DREAM y la orden ejecutiva del presidente Obama deberían formar parte de la reforma migratoria fundamental. Nos gusta un aspecto en especial de la política del presidente Obama: alentar la finalización de la secundaria o un Examen de Desarrollo de Educación General (GED, por sus siglas en inglés) al proveer un estatus migratorio legal. A muchos niños hispanoamericanos les va mal en la escuela, y alrededor de la mitad la abandonan antes de graduarse. Desde que Obama anunció su política, muchos hispanos jóvenes que fueron traídos ilegalmente a los Estados Unidos han estado trabajando para cumplir con los requisitos del GED y así evitar la deportación, lo cual obviamente es un desarrollo positivo tanto para los niños como para el país.[32] Dados los retos educativos que enfrentan muchos hispanos, consideramos que predicar un estatus legal de inmigración ligado a recibir un título secundario o su equivalente es una idea acertada.

De hecho, iríamos un poco más lejos que la política del presidente Obama al crear una vía clara y definitiva hacia la ciudadanía. Como política general, proponemos que aquellos menores de dieciocho años de edad que fueron traídos ilegalmente a los Estados Unidos, que han vivido en los Estados Unidos durante al menos cinco años y que no han cometido ningún delito importante, también deberían tener el derecho a la residencia legal permanente, sin tener que declararse culpables de un crimen o sufrir consecuencias legales. No pretendemos que tal política le proporcione refugio a los jóvenes que llegan a los Estados Unidos por su propia voluntad y quieren saltearse la fila. Más bien, la política debería extenderse a aquellos jóvenes que han estado aquí el tiempo suficiente como para considerarse estadounidenses.

Más allá de eso, esos jóvenes que se gradúan de la secundaria o su equivalente, o que se inscriben en el servicio militar, deberían, a partir de ahí, recibir una tarjeta verde. Al vivir en los Estados Unidos desde que eran niños, no cometer delitos y obtener un título secundario o inscribirse voluntariamente en el servicio militar, esos jóvenes habrán demostrado las cualidades que deseamos en ciudadanos estadounidenses. Tal plan proporciona certidumbre y estabilidad para jóvenes que no han hecho nada malo y quienes enteramente merecen los beneficios de la ciudadanía estadounidense.

Lidiar de manera ad hoc con los inmigrantes que entraron al país ilegalmente no proporciona una solución permanente ni para los inmigrantes ni para la nación en su conjunto. Debemos dirigirnos a este problema de una manera justa, firme y exhaustiva, y a su vez arreglar nuestros procesos de inmigración para que, en el futuro, millones de personas no sientan la necesidad de entrar a nuestro país ilegalmente porque no hay medios viables para hacerlo legalmente.

5. SEGURIDAD FRONTERIZA

Desafortunadamente, hay un solo método para prevenir la inmigración ilegal que reiteradamente ha probado ser efectivo, y es una "cura" que es peor que la enfermedad: una mala economía estadounidense. La inmigración es extremadamente sensible a las fuerzas del mercado. Una recesión económica larga y profunda ha logrado lo que la construcción de cercas fronterizas y aumentos masivos en los recursos de la policía fronteriza de los Estados Unidos no pudo lograr: reducir la inmigración neta de México a cero o menos.

Muchos en la derecha dicen que debemos asegurar la frontera antes de reformar nuestro sistema de inmigración. El hecho es que no podemos hacer una cosa sin la otra. Aunque la seguridad fronteriza es un componente esencial de una reforma migratoria más amplia, una reforma migratoria más amplia también es un componente esencial para la seguridad fronteriza.

Exigir seguridad fronteriza como un prerrequisito para una reforma migratoria más amplia es un buen eslogan pero evade los detalles y las medidas. ¿Qué quieren decir los defensores de tal estrategia con "control operativo" de la frontera? ¿Que ni un solo inmigrantes cruzará ilegalmente? ¿Que ninguna droga ilegal cruzará la frontera? ¿Que ningún terrorista entrará a nuestro país? ¿Exactamente cuál es el momento mágico que debemos esperar para arreglar el sistema de inmigración roto?

Ya hemos hecho más esfuerzos que nunca antes para frenar el cruce ilegal de la frontera. El número de agentes de la policía fronteriza aumentó de 11.000 en 2006 a 17.000 en 2009, lo cual es cinco veces la cantidad de agentes que había hace veinte años.[33] Hemos construido cientos de millas de cerca suplementada con vigilancia de alta tecnología. Las deportaciones de inmigrantes ilegales aumentaron a un nivel récord de 319.000 en 2011.[34] Esos esfuerzos, combinados con un cumplimiento mayor de las leyes de inmigración contra aquellos residiendo en los Estados Unidos, una recesión económica estadounidense profunda y prolongada y las mejoras de las condiciones económicas en México, han frenado considerablemente la corriente de inmigrantes ilegales cruzando la frontera. Desafortunadamente, también han tenido el efecto de cambiar la forma en que los inmigrantes llegan a los Estados Unidos —en vez de cruzar la frontera y regresar a ver a sus familias regularmente, una mayor cantidad ha permanecido en los Estados Unidos y ha traído a sus familias.[35]

Los cruces ilegales no son la única fuente de inmigración ilegal. El Pew Hispanic Center determinó que casi la mitad de los inmigrantes ilegales inicialmente cruzó la frontera legalmente y permaneció en el país aun después de vencidas sus visas.[36] Debemos deportar inmediatamente a los individuos que permanecen con una visa vencida en vez de permitir que se queden indefinidamente o que persigan apelaciones múltiples. Nuestro fracaso en hacer cumplir los requisitos de las visas es una de las mayores causas de que grandes números de inmigrantes ilegales residan en los Estados Unidos durante largos períodos de tiempo.

Por esa misma razón, el verdadero control de la frontera requiere no solo la detección de cruces ilegales, sino también un sistema eficaz que monitoree a aquellos que entran legalmente. Y eso requiere una reforma de la política inmigratoria que va más allá de cercar la frontera y ubicar más agentes en la zona. Aun así, la conclusión es que hoy en día no hay una avalancha de inmigración ilegal. Enfatizar la detención de la inmigración ilegal como un pilar de la reforma migratoria es obsoleto.

Con esto no estamos diciendo que no tenemos un problema con la seguridad fronteriza. Por el contrario. Pero la naturaleza del problema ha evolucionado. Ya no se trata simplemente de inmigrantes ilegales cruzando la frontera. La seguridad fronteriza hoy en día incluye amenazas de carteles de droga y terroristas. Cada amenaza requiere respuestas diferentes.

A medida que ha disminuido el número de inmigrantes ilegales entrando al país, el movimiento de drogas ilegales y armas por la frontera entre los Estados Unidos y México se ha intensificado. En el lado mexicano de la frontera, una guerra a gran escala entre carteles paramilitares ha dejado a cincuenta mil personas muertas durante los últimos seis años. El descubrimiento de docenas de cuerpos horriblemente mutilados se ha vuelto algo normal en la vida mexicana.[37] Los carteles presentan un reto directo al gobierno mexicano —tan es así que en 2010, la entonces secretaria de estado Hillary Clinton describió a los carteles como "una insurgencia".[38] Sus recursos son enormes. El Cartel de Sinaloa está encabezado por el fugitivo multimillonario Joaquín Guzmán Loera.[39] El Cartel de los Zetas originalmente se formó con ex miembros del Grupo Aeromóvil de Fuerzas Especiales (GAFE) del ejército mexicano. El Congressional Research Service informa que en su pelea por las enormes ganancias, los carteles han creado "un ambiente de guerra urbana con irrupciones al estilo comando en cárceles estatales, secuestros de periodistas, asesinatos de policías y ataques a bases militares".[40]

Dada la inhabilidad de México para controlar a los carteles y el masivo mercado de drogas en los Estados Unidos, los efectos colaterales son inevitables. El ejemplo más vívido es el terrible fracaso de Operation Fast and Furious (Operación Rápido y Furioso), donde armas obtenidas de autoridades estadounidenses fueron ligadas a al menos una docena de crímenes violentos en los Estados Unidos, incluyendo la muerte de un policía fronterizo.[41] Como los carteles controlan aproximadamente el 90% de las drogas ilegales que entran en los Estados Unidos, sus efectos se extienden a las pandillas estadounidenses, los sindicatos criminales y los drogadictos.[42]

Es importante diferenciar los problemas de seguridad fronteriza relacionados a la inmigración ilegal y a los carteles. De lo contrario, los inmigrantes son acusados de la violencia y demás efectos negativos de los que ellos no son responsables. Pero los problemas se están fusionando, ya que los carteles están entrando en el negocio del tráfico humano. De hecho, aunque los cruces ilegales de mexicanos están disminuyendo, la cantidad de centroamericanos huyendo de la violencia y la pobreza y entrando a los Estados Unidos a través de México está aumentando.[43] Dado que tanto los inmigrantes ilegales como las drogas cruzan nuestra frontera del sur con la participación de los carteles, las respuestas adecuadas se superponen.

En cuanto a los inmigrantes ilegales, muchos han apoyado separar la frontera con un muro. La imagen de una cerca nos asemeja más al Fuerte de los Estados Unidos que al país cuya actitud hacia la inmigración personifica la Estatua de la Libertad. Una cerca a lo largo de las 1.969 millas de nuestra frontera sureña sería muy costosa y no sería eficaz necesariamente. Se han levantado varios cientos de millas de cerca a un costo de más de $49 mil millones —sin embargo, el Congressional Research Service dice que los inmigrantes ilegales simplemente van a otras zonas.[44] De igual modo, los experimentos con "cercas virtuales" usando cámaras, radares y vehículos aéreos sin tripulación por ahora no han demostrado ser eficaces,[45] a pesar de los adicionales miles de millones de dólares que costaron.[46] Le daríamos a las autoridades federales amplia discreción para enfrentar los desafíos de la seguridad fronteriza con la combinación más rentable de cercas reales y virtuales, vigilancia aérea y un aumento en el personal de la policía fronteriza. También apoyamos darle al Departamento de Seguridad Nacional la autoridad para ejercer la seguridad dentro de los cincuenta parques nacionales que se encuentran dentro de las cien millas de las fronteras de los Estados Unidos.[47]

A su vez, pelear contra los carteles en la frontera puede presentar una amenaza de proporciones potencialmente épicas, lo cual requiere de una respuesta más fuerte. Los carteles son organizaciones paramilitares con armas peligrosas y sofisticadas. Nuestros oficiales de la policía fronteriza no están ni entrenados ni equipados para enfrentar la potencia de las armas de los carteles, llegado el caso. Como resultado, el presidente debería estar autorizado a desplegar fuerzas militares, o la Guardia Nacional si fuese necesario, para responder a las amenazas de los carteles y proteger la frontera estadounidense.

Más deseables que el despliegue del ejército estadounidense serían los esfuerzos para aumentar la eficacia de las autoridades mexicanas en lidiar con los carteles de su lado de la frontera. Los funcionarios estadounidenses han trabajado de cerca con sus colegas mexicanos, incluyendo el despliegue de vehículos aéreos de vigilancia no tripulados y la inauguración de instalaciones para reunir inteligencia en el norte de México.[48] Deberíamos continuar trabajando de cerca con México para luchar contra la corrupción en la policía y el ejército y reducir el poder de los carteles. Mientras tanto, el Servicio de Inmigración y Control de Aduanas (ICE, por sus siglas en inglés) debería continuar priorizando los esfuerzos en contra de los carteles estadounidenses, en coordinación con agencias de autoridades del orden público locales en las comunidades en donde tales carteles ocasionan crimen y violencia devastadores.

Además de los carteles mexicanos, el hecho de que varios de los terroristas del 11 de septiembre entraron al país legalmente bajo un sistema de inmigración permeable ha incrementado las preocupaciones de seguridad nacional —tan es así que el cumplimiento de las leyes de inmigración fue ubicado bajo el Departamento de Seguridad Nacional. Hemos argüido previamente que la inmigración debería estar separada pero coordinada con la seguridad nacional, de manera que mientras protegemos a nuestra nación contra el terrorismo no boicoteemos involuntariamente el turismo y la entrada de estudiantes y trabajadores que son vitales para el bienestar de nuestra economía.

Los esfuerzos antiterroristas después del 11 de septiembre causaron retrasos masivos para los visitantes extranjeros entrando a los Estados Unidos y llevaron a registros y detenciones controversiales de visitantes de Oriente Medio. En un esfuerzo por armonizar los intereses de la seguridad y el comercio, en 2003 el entonces secretario de seguridad nacional, Tom Ridge, implementó el programa US-VISIT. El sistema depende de una identificación biométrica mediante huellas digitales, la cual se usa para identificar a todos los que entran a los Estados Unidos excepto los visitantes de corto plazo de México y Canadá, comparándolos con una base de datos que para 2008 tenía 90 millones de huellas digitales.[49] El sistema se basa en compartir una vasta inteligencia e información con países extranjeros para que la frontera sea la última y no la primera línea de defensa en contra de los terroristas.

La identificación biométrica puede ser una herramienta vitalmente importante para hacer cumplir las leyes de inmigración. Aunque las huellas digitales son la forma más común de identificación biométrica, también incluye el ADN, el reconocimiento de iris, el reconocimiento facial, la huella vocal y otras formas de identificación única.[50] La policía puede usar escáneres móviles de huellas digitales para inmediatamente revisar la identificación de sospechosos criminales.[51] El FBI y el Departamento de Seguridad Nacional (dependiendo de la data biométrica obtenida a través del programa US-VISIT) tienen las dos bases de datos biométricas más grandes del mundo, cada una con más de 100 millones de registros.[52] A través del Programa de Comunidades Seguras del ICE, cuando las autoridades estatales y locales detienen a un sospechoso criminal, una búsqueda de los registros del FBI también automáticamente escanea la base de datos del Departamento de Seguridad Nacional. Cuando no se encuentra un resultado con estatus de inmigración legal, el sospechoso queda detenido.[53] El uso de sistemas biométricos por las autoridades inevitablemente plantea problemas con respecto a la privacidad y la identificación falsa, en especial cuando los procesos son físicamente invasivos (como la recolección de ADN) o menos confiables y violan expectativas de privacidad (como el reconocimiento facial). Como consecuencia, ampliar tales prácticas como parte del cumplimiento de las leyes de inmigración requiere medidas que protejan la privacidad individual, demandando una corrección inmediata de identificaciones falsas y estableciendo procedimientos para obtener y usar data biométrica. Afortunadamente, en 2012 la Corte Suprema de los Estados Unidos estableció parámetros limitados para el uso de la vigilancia de alta tecnología en el contexto de seguimiento por medio de un GPS sin una orden judicial.[54] El uso de la identificación biométrica debe cumplir con las protecciones de la libertad individual que son sagradas en los Estados Unidos.

Pedirles a los visitantes que proporcionen identificación biométrica al entrar y salir —cuando se combina con la identificación de visitantes de bajo riesgo y un uso más amplio de los programas de "viajeros confiables"— protegerá los intereses de seguridad estadounidense sin imponer cargas excesivas a los visitantes extranjeros. La data biométrica se puede comparar rápidamente con la base de datos del Departamento de Seguridad Nacional para detectar riesgos de seguridad. Varios países, como Canadá, el Reino Unido y Francia, usan data biométrica para sus visitantes extranjeros. A medida que el uso de esta se vuelva más común, las bases de datos internacionales se volverán aún más eficaces en la minimización de riesgos.

También recomendamos un sistema biométrico de verificación electrónica, con tarjetas de identificación de huellas digitales inalterables, para todos los poseedores de visas.[55] Tales requisitos nos permitirían determinar, por primera vez, exactamente quién está en nuestro país y si se les ha vencido la visa. Ese proceso es reforzado por el sistema de entrevistas para personas de países extranjeros que desean obtener una visa estadounidense. La data biométrica entonces sirve ambos objetivos de monitorear y hacer cumplir tanto la inmigración como la seguridad nacional.

La industria del turismo, la cual produce ingresos y benevolencia, ha recibido un golpe desde el 11 de septiembre. Deberíamos hacer que los visitantes de bajo riesgo de seguridad puedan entrar a los Estados Unidos de la manera más fácil posible. A pesar de los esfuerzos por apurar el proceso de visa para aquellos entrando al país para negocios, turismo o estudios, el sistema sigue estando agobiado, causando retrasos e incertidumbre. El Congreso debería conseguir recursos adecuados para asegurarse de que nuestro sistema de visas es eficiente y eficaz. Un sistema más simple se pagaría por sí solo, no solo a través de tarifas de usuarios, sino también mediante el aumento de actividad económica por los visitantes extranjeros.

La política inmigratoria y la seguridad nacional deberían ser objetivos complementarios. Claramente, usamos una gran cantidad de tiempo y recursos para realzar la seguridad después del 11 de septiembre, a veces en detrimento severo de nuestra política nacional de inmigración. Afortunadamente, esa inversión valió la pena porque nos permitió restaurar el balance adecuado entre esos dos objetivos nacionales vitales sin ya comprometer la inmigración y el turismo, de los cuales depende una parte importante de la prosperidad de nuestra nación.

6. ENSEÑANDO EDUCACIÓN CÍVICA Y LOS VALORES FUNDACIONALES DE NUESTRA NACIÓN

Los debates sobre la inmigración siempre han estado marcados por la preocupación acerca de la asimilación. Puede ser que en la era de Internet, las películas de Hollywood y los programas populares de televisión, la asimilación a la cultura estadounidense comience mucho antes de que las personas siquiera entren a nuestro país. Pero la asimilación a la identidad estadounidense —los valores en los que se basan nuestra nación y los mecanismos constitucionales diseñados para perpetuarlos— en última instancia es mucho más importante pero una tarea mucho más difícil.

Para convertirse en ciudadanos, los inmigrantes deben mostrar fluidez con el inglés y pasar un examen sobre educación cívica e historia estadounidense básicas. Hay cien posibles preguntas, de las que se les preguntan diez a los posibles ciudadanos. Al contestar seis de las diez bien se pasa el examen.[56]

De ninguna manera queremos minimizar el esfuerzo tremendo que atraviesan los inmigrantes para convertirse en ciudadanos, incluyendo aprender inglés si no es su lengua materna y tomar clases de educación cívica e historia estadounidense. Pero creemos que contestar seis preguntas sobre nombres, fechas e instituciones estadounidenses básicas no debería ser suficiente para obtener la ciudadanía. En su lugar, los que aspiran a ser ciudadanos deberían poder mostrar una comprensión fundamental de los valores de nuestra nación y los mecanismos de la democracia. Por ende, ampliaríamos el conocimiento cívico necesario para la ciudadanía para que incluyera los documentos de la fundación de nuestra nación, el papel crucial de una economía de mercado para fomentar la libertad y prosperidad, y los medios y la importancia de la participación cívica. Contamos con que los inmigrantes no solo persigan y personifiquen el sueño americano, sino que también reconozcan y acepten los valores que hacen posible ese sueño.

Tal conocimiento esencial no debería ser un requisito solo para los inmigrantes, sino para todos los estadounidenses. Aunque el examen para la ciudadanía es extremadamente básico, una encuesta del Centro para el Estudio del Sueño Americano determinó que, hoy en día, un tercio de los estadounidenses no podría pasarlo.[57] Imagínense eso: muchos de nuestros propios hijos (y adultos), que han heredado la ciudadanía y fueron educados en el sistema de educación pública estadounidense, no pueden pasar el examen básico que deben pasar los nuevos estadounidenses para convertirse en ciudadanos. Ese es un triste reflejo del estado actual de la educación cívica en nuestra nación.

"Mucha gente cree que en una economía global altamente competitiva, la educación cívica ya no es importante", observa el secretario de educación Arne Duncan. "Si quieres tener éxito, el mensaje es: toma cursos avanzados en ciencia y matemáticas. Pero no te preocupes por las clases de cívica".[58] En consecuencia, informa David Feith en el libro reciente *Teaching America*, Historia de los Estados Unidos "es la única materia en la que más de la mitad de los estudiantes cursando el último año de la secundaria no pueden mostrar ni siquiera un conocimiento básico".[59]

La falta de una educación cívica adecuada significa que muchos estadounidenses saben muy poco sobre cómo funciona su gobierno y cómo influenciarlo de manera eficaz. De hecho, casi dos tercios de los estadounidenses no pueden nombrar las tres ramas del gobierno y menos de la mitad puede nombrar un solo juez de la Corte Suprema —pero tres cuartos pueden nombrar a cada uno de los Tres Chiflados. El National Assessment of Educational Progress determinó que menos de un tercio de los estudiantes de cuarto, octavo y doceavo grados son competentes en educación cívica —con un porcentaje aun menor entre niños de minorías en edad escolar.[60] Un informe de la Fundación Lynde and Harry Bradley llamado E Pluribus Unum (una frase en latín cuyo significado pocos estadounidenses probablemente comprendan aunque es parte del sello de los Estados Unidos) dijo que la mayoría de los estadounidenses cursando el octavo grado no podían explicar el propósito de la Declaración de la Independencia, y solo un 5% de los que cursaban el último año de la secundaria podían explicar cómo el Congreso y la Corte Suprema pueden actuar como control limitante al poder presidencial. El informe Bradley observa que "saber lo que representan los Estados Unidos no es una herencia genética. Debe ser aprendido, tanto por la siguiente generación como por los que vienen a este país".[61]

Aun mientras fortalecemos el examen de inmigración para asegurar que los recién llegados comprendan los ideales estadounidenses y los mecanismos para la participación cívica, creemos que es una buena idea requerir como condición de todos los estudiantes estadounidenses pasar ese mismo examen para poder graduarse de la secundaria. En años recientes, nuestra política educativa ha reconocido, cada vez más, la importancia que conlleva dominar materias como Matemáticas, Ciencias e Inglés. Y sin embargo tratamos a la Educación Cívica como un pariente lejano. Podemos perpetuar nuestra economía al hacer que nuestros hijos dominen materias centrales; ¿pero podremos perpetuar nuestra democracia sin que los estudiantes dominen la educación cívica?

Los expertos y legisladores (y hasta nosotros los autores mismos) diferimos en cuanto al papel adecuado del Gobierno federal en la educación. Pero si hay una especialidad que es sin duda un asunto adecuado de la política nacional, es la educación cívica. Tal educación ya es una característica importante en nuestra política de naturalización, pero los requisitos necesitan fortalecerse. Creemos que no solo los recién llegados, sino toda nuestra población necesita un alfabetismo cívico mejorado. Haber tenido la suerte de nacer aquí no nos da el derecho a la ignorancia sobre nuestros valores fundacionales y su importancia contemporánea. Y sin una ciudadanía realmente informada, no podemos pretender que los ideales estadounidenses continúen creciendo. Podemos esperar y demandar mucho de los que desean formar parte de la familia estadounidense —pero no debemos esperar ni demandar nada menos de nosotros mismos.

HACIA UN FUTURO MÁS VIBRANTE

Arreglar el sistema de inmigración gravemente fracturado de nuestra nación debe ser una de las principales prioridades nacionales. Lograr una correcta política inmigratoria nos permitirá reclamar la prosperidad que en los últimos años ha eludido nuestro alcance. Mejorará nuestra competitividad y posición económica dominante en el mundo. Nos ayudará a preservar la red de seguridad y el generoso sistema de servicios y beneficios que de otra manera será insostenible. Nos ayudará a cumplir con nuestros preciados ideales y a seguir siendo un modelo de oportunidad para la gente alrededor del mundo. Fomentará la fidelidad hacia la ley y ayudará a que nuestra nación sea más segura.

Por el contrario, perpetuar nuestro actual sistema de inmigración andrajoso le restará a cada uno de esos objetivos. No podemos darnos el lujo de esperar. No podemos darnos el lujo de demorar la adopción de una política inmigratoria nacional sensata en nombre de una percibida conveniencia política. No podemos sacrificar una reforma necesaria y tardía por el altar del partidismo, en especial cuando las soluciones transcienden la división partidista.

Las propuestas presentadas aquí son simplemente un bosquejo de una vía hacia delante. Muchas se basan en buenas ideas que han sido más desarrolladas en otras partes por otros. Esperamos que logren informar el debate y puedan ayudar a romper con la paralización legislativa que ha impedido que nuestra nación acepte una serie de temas prolongados y divisivos. Pero más importante aún, esperamos que nuestra política inmigratoria nuevamente refleje valores centrales esenciales, reconociendo que la inmigración siempre será una parte vital de la identidad y el alma de nuestra nación, al tiempo que la política inmigratoria cumple con la ley que defiende nuestra libertad.

2

EL IMPERATIVO
INMIGRATORIO

U NA DE LAS REGLAS INVARIABLES de la economía es que si el gobierno construye un obstáculo para los bienes y servicios que la gente desea, el mercado encontrará una manera de esquivarlo.

Así es que a dos jóvenes empresarios —Dario Mutabdzija, un inmigrante de Sarajevo, y Max Marty, el hijo de inmigrantes cubanos— se les ocurrió la idea de Blueseed, apuntando a la provisión inadecuada de visas estadounidenses para extranjeros emprendedores.

El objetivo de Blueseed, como lo describe el *New York Times,* es "crear una incubadora flotante y libre de visas para empresarios internacionales en la costa californiana cerca de Silicon Valley".[1] La idea es anclar un gran carguero oceánico a doce millas de la costa —justo por fuera de los límites territoriales estadounidenses— donde empresarios extranjeros que no pueden obtener una de las pocas visas estadounidenses disponibles cada año puedan negociar con empresas e inversores de Silicon Valley. El emprendimiento tiene el apoyo del cofundador de PayPal, Peter Thiel, entre otros.

Mutabdzija y Marty dicen que su negocio es una respuesta a las leyes de inmigración excesivamente restrictivas que hace extremadamente difícil la entrada de talento extranjero a los Estados Unidos. "Puede que el barco suene como una idea alocada", dice John Feinblatt de Partnership for a New American Economy, "pero ilustra cuán seriamente defectuoso es el sistema de inmigración aquí". Bob Dane de la Federation for American Immigration Reform agrega que "todo el asunto es una metáfora perfecta de cómo en el mundo empresario de los Estados Unidos la práctica de estimular el talento y de incubar negocios a nivel local está alejándose —literalmente".[2]

El fuerte empresarial flotante quizá nunca eche anclas. Pero el hecho de que a mentes emprendedoras se les haya ocurrido tal idea es un fiel reflejo del estado desastroso de la política inmigratoria estadounidense. Históricamente un modelo de oportunidad sin trabas, nuestra nación ahora rechaza en números épicos a los mejores y más brillantes del mundo. En el proceso, estamos sistemáticamente asolando nuestro futuro económico.

¿DETERIORO O PROGRESO DE LOS ESTADOS UNIDOS?

Los Estados Unidos, de muchas maneras, es diferente de cualquier otro país en la tierra, pero lo más importante es que nuestra identidad nacional no viene de una etnicidad en común sino de un grupo de ideales —no solo la vida, la libertad y la búsqueda de la felicidad, sino también el individualismo, la fe, la familia, la comunidad, la democracia, la tolerancia, la igualdad de oportunidades, la responsabilidad individual y la libertad empresarial. Esos ideales están presentados en los documentos fundacionales de nuestra nación y mezclados en nuestras instituciones.

Pero aunque nuestra nación fue fundada sobre esos ideales y en gran parte continúa adhiriéndose a ellos, no son monopolio de los Estados Unidos. Al contrario, millones de personas alrededor del mundo valoran esos ideales y se empeñan en convertirse en estadounidenses. Los inmigrantes crearon nuestra nación y los inmigrantes a través de la historia han revitalizado nuestros ideales.

La inmigración es una parte integral del alma de los Estados Unidos, de igual manera hoy que en años pasados. Casi por definición, las personas que se mudan a otro lugar, no a la fuerza sino por elección, son más apasionados por su destino que muchos de los que nacieron ahí por casualidad. Eso es especialmente cierto de los Estados Unidos, cuyos modelos principales son la libertad y la oportunidad. Los recién llegados que se encuentran atraídos por esos modelos tienden a valorarlos —tal como los conversos religiosos— con la gran pasión que deriva solo de la carencia pasada. Es improbable que los inmigrantes sean complacientes en cuanto a la libertad y oportunidad que para ellos anteriormente había sido solo un sueño y fue lograda a través de gran esfuerzo y sacrificio. Nuestra nación necesita el reabastecimiento constante de nuestro espíritu traído por los inmigrantes.

Nuestra política inmigratoria actual, sin embargo, no llega a reflejar la importancia de la inmigración en nuestra nación. Nuestras leyes de inmigración son tan complejas, tediosas e irracionales que millones de personas las han evadido y han entrado ilegalmente a nuestro país, causando un daño grave a la ley que es el centro moral de nuestra nación. Otros se han dado por vencidos y han abandonado trágicamente sus esperanzas de hacerse estadounidenses o han regresado a casa, y hemos perdido su energía y talento para siempre.

Los debates sobre la política inmigratoria son más antiguos que nuestra nación —y los argumentos a favor y en contra no han cambiado mucho a través de los siglos. Tradicionalmente, nuestra política inmigratoria ha establecido una premisa sobre la creencia de que hay un número ilimitado de personas alrededor del mundo que quieren venir aquí, por lo que nuestra política principalmente necesitaba dirigirse a quién y cuántos tendrían el permiso para venir.

Pero hoy en día, hay dos condiciones que no se parecen en nada dentro de nuestra historia, y cada una ejercerá un impacto significativo en la inmigración estadounidense de ahora en más.

- La población estadounidense ya no está creciendo por sí sola, por lo que gran parte de, si no todo, nuestro crecimiento futuro de la población, durante un futuro cercano, vendrá de los inmigrantes. De hecho, los inmigrantes ya forman parte de la mitad de todo el crecimiento dentro de las fuerzas laborales estadounidenses.

• Por primera vez, los Estados Unidos se ven obligados a competir con otros países por inmigrantes y las habilidades necesarias que traen consigo. Esas dos realidades requieren una reconsideración importante de las premisas subyacentes a la política inmigratoria.

El futuro de nuestra nación depende, en gran medida, del arreglo de nuestro sistema de inmigración. Si se mantiene en el camino actual, la economía estadounidense continuará deteriorándose. Desde la Segunda Guerra Mundial, el producto bruto interno (PBI) ha promediado un crecimiento anual del 3% —suficiente para mantener una gran prosperidad, ascenso social y una red generosa de asistencia social. Pero la Oficina de Presupuesto del Congreso (Congressional Budget Office) proyecta que el PBI futuro tendrá un promedio de crecimiento anual de entre el 2 y el 2,4%. De hecho, esa proyección podría llegar a ser demasiado generosa. Dado el crecimiento anémico del PBI durante los últimos años, para el otoño de 2012 la tasa de crecimiento anual de 2% —50% por debajo de lo normal— se vio como una razón para celebrar.

El deterioro ominoso del crecimiento económico es atribuible, entre otros factores, a menos trabajadores manteniendo a más jubilados, una carga reguladora en aumento que ahoga las contrataciones y las iniciativas empresariales, la falta de una política de energía coherente, un sistema educativo que produce números insuficientes de graduados capacitados y una deuda masiva que le pesa mucho a la economía.[3] Si pudiéramos aumentar el crecimiento del PBI a un 4% anual, llevaría a un gran aumento de oportunidades económicas y a la prosperidad y a pronunciadas disminuciones de los déficits.[4] Para ponerlo en perspectiva, doblar nuestra tasa de crecimiento de 2 a 4% crearía más de \$4 billones en actividad económica adicional durante diez años —más que el PBI actual de Alemania. Y generaría \$1 billón en nuevos ingresos fiscales.

Restaurar el crecimiento económico requerirá varios cambios en políticas, incluyendo un mayor énfasis en los mercados libres, el libre comercio, la reforma subsidiaria y la reforma educativa. Pero un componente crítico del futuro crecimiento económico es la reforma migratoria. "La inmigración aumenta el capital humano de un país", explica el economista ganador del Premio Nobel, Gary S. Becker. "Es decir que aumenta el número de trabajadores disponibles para ayudar a que las empresas crezcan o de innovadores que harán el próximo gran descubrimiento. Al aumentar el tamaño de la fuerza laboral de un país, la inmigración también puede aumentar el producto bruto interno del país. Y como muchos inmigrantes son jóvenes, una afluencia sana de estos puede proporcionar el crecimiento económico y los ingresos fiscales de los que dependen los trabajadores jubilados y mayores".[5] De hecho, durante los últimos veinticinco años, los países que han experimentado el mayor crecimiento económico también han tenido las tasas más altas de inmigración.[6]

Pero en vez, nuestro sistema de inmigración es disfuncional. La inmigración para habilidades especiales y trabajo representa solo una pequeña fracción de las personas que reciben un permiso legal para entrar a nuestro país cada año. Las personas que entran con visas provisionales de estudiante o de trabajo a menudo deben regresar a sus países porque no hay suficientes "tarjetas verdes" para ellos —la autorización de residencia permanente que lleva a la ciudadanía. Mientras tanto, millones de inmigrantes entran legalmente bajo un concepto demasiado amplio de reunificación familiar y puede que no contribuyan tanto al crecimiento económico; otros tantos millones están en la nación ilegalmente dada la falta de vías hacia una inmigración legal.

Para enfrentar las necesidades económicas de los Estados Unidos, debemos hacer una revisión total de nuestra política inmigratoria. Eso, a su vez, requiere valentía política y liderazgo. Pero, en su lugar, nuestro sistema político en años recientes ha respondido al desafío migratorio con parálisis. Demócratas y republicanos, liberales y conservadores, todos son igualmente culpables.

Creemos que el abismo en la política inmigratoria se puede cerrar al recurrir a dos valores fundamentales: reconocer el papel central de la inmigración en la identidad y prosperidad de los Estados Unidos, y a su vez adherirse a la ley al hacer cumplir nuestra política inmigratoria.

Si aceptamos esos valores centrales tanto por escrito como de palabra, podemos desarrollar una política inmigratoria justa y eficaz que ayudará a restaurar el liderazgo estadounidense en su tercer siglo.

EVITANDO UNA CRISIS

Es quizá aún más esencial que nunca antes en la historia estadounidense que hagamos entrar números adecuados de inmigrantes jóvenes, energéticos, trabajadores y talentosos. Como en otras naciones industrializadas, el índice de natalidad de los Estados Unidos ha caído debajo del nivel necesario para reemplazar a la población actual. Ese fenómeno está poniendo una presión enorme en nuestro sistema de asistencia social, ya que cada vez menos trabajadores mantienen a la población de los beneficiarios mayores cada vez más grande. El economista ganador del Premio Nobel, Milton Friedman, a quien ambos admiramos enormemente, una vez hizo el famoso comentario: "Es realmente obvio que no puedes tener una inmigración libre y un estado benefactor".[7] En realidad, lo contrario es verdad: no podemos mantener un programa de asistencia social generoso (ni siquiera uno menos generoso que la versión actual), un sistema del cual dependen millones de estadounidenses, si no aumentamos el número de participantes productivos y contribuyentes a nuestra fuerza laboral. Y dada la fuerte tendencia en la población, la única manera de hacer esto es a través de la inmigración.

Los números del índice de natalidad son aleccionadores a través de la mayoría de las naciones desarrolladas. Se necesita una tasa de reproducción de 2,1 para mantener una población, pero casi la mitad de la población mundial tiene un índice de natalidad menor.[8] Europa occidental está sufriendo enormes bajas, con Alemania, España e Italia produciendo tasas de fertilidad de solo 1,4 —dos tercios de la tasa necesaria para mantener una población. Los gigantes económicos asiáticos —Japón, China, Singapur, Hong Kong y Taiwán— están aún peor, con índices de natalidad de solo la mitad de lo necesario para reemplazar la población actual.[9] Como explicó Ben Wattenberg en el *Wall Street Journal*,

"La matemática es simple. El índice de natalidad ha caído tanto y tan rápido que los rangos disminuidos de jóvenes ya no pueden mantener el número pujante de jubilados en país tras país. Grecia y España ya están por caer por un precipicio demográfico".[10]

El índice de natalidad en declive es una amenaza en particular al estatus creciente de China como una súper potencia económica. Dada la espantosa política de un solo hijo, que ha causado que familias tomen medidas drásticas para asegurar el nacimientos de varones en vez de mujeres, China ahora tiene 20% más jóvenes varones que mujeres, una condición social sin precedentes. La expansión económica, a su vez, ha causado que las mujeres demoren en casarse y tener hijos, produciendo así una tasa de fertilidad mucho más baja y una población que envejece rápidamente. Sin embargo, China se aferra a una mentalidad de fortificación que es hostil hacia la inmigración. Las calamitosas políticas de China y sus efectos apuntan a un desastre económico a alta velocidad.

Los Estados Unidos todavía no han sufrido un declive tan empinado en las tasas de reproducción como otros países industrializados, pero los números son llamativos. Entre 2007 y 2009, los Estados Unidos tuvieron la caída del índice de natalidad más grande dentro de un período de dos años en los últimos treinta años.[11] Desde 2010, la tasa de fertilidad cayó a 1,9, considerablemente por debajo del nivel de reemplazo de la población,[12] y ha seguido cayendo desde entonces. El índice de natalidad en declive se extiende a todos los grupos raciales y étnicos.

La fertilidad típicamente disminuye durante las recesiones económicas, pero el actual índice de natalidad estadounidense es menor aun de lo que fue durante la Gran Depresión. Además, los índices de natalidad menores probablemente sean prolongados, dado el dramático aumento de mujeres en busca de carreras y participando en la fuerza laboral. Las mujeres superan en número a los hombres en las universidades, y los trabajos dominados por hombres han recibido un golpe particularmente duro durante la recesión actual. Como resultado, muchas parejas están esperando para formar familias y están teniendo menos hijos.

Esa dinámica está colocando un estrés enorme en los programas de subsidios federales.[13] El declive en el índice de natalidad ha llevado a que la Administración de Seguro Social proyecte que los fondos fiduciarios se acaben antes de lo pronosticado con anterioridad, agotando el Social Security Disability Insurance en 2016, Medicare en 2024 y el Seguro Social en 2033. Si el índice de natalidad continúa en declive, los fondos fiduciarios se agotarán aun antes.

La demografía puede dictar nuestro destino —a menos que la cambiemos.

Cuando el índice de dependencia de una nación aumenta —es decir, cuando el número de personas que dependen de los beneficios de la asistencia social crece en proporción al número de trabajadores que sostienen esos beneficios— tiene solo cuatro opciones de políticas posibles. Puede subir los impuestos (lo cual probablemente reduzca la productividad y empeore el problema), puede aumentar la edad de jubilación, puede disminuir los beneficios —o puede aumentar el número de trabajadores inmigrantes.[14]

Comparado con otras naciones industrializadas en Europa y Asia, los Estados Unidos disfruta de una posible ventaja competitiva para enfrentar los retos demográficos por su apertura a la inmigración. Ciertamente China y otras sociedades cerradas no se van a abrir a una inmigración significativa en el futuro inmediato. De igual modo, muchos países con fuertes identidades nacionales raciales y étnicas se resisten a la inmigración, y a menudo les cuesta asimilar a los recién llegados. En cambio, la inmigración es una característica dominante en la identidad estadounidense. No solo podemos asimilar más fácilmente a los recién llegados, sino que tenemos una larga y exitosa historia de hacerlo —y de inmigrantes jugando un papel absolutamente vital en nuestra economía.

Lo que tan bien ha funcionado en el pasado de los Estados

Unidos es crucial para su futuro. Como ha observado el ex presidente de la Reserva Federal, Alan Greenspan, la inmigración podría proveer un "antídoto potente contra el crecimiento desacelerado de la población de edad laboral".[15] Los números lo apoyan. Los nuevos inmigrantes tienden a entrar a los Estados Unidos en la plenitud de sus años laborales, durante los cuales probablemente tiendan más que los estadounidenses nativos a ser mayores contribuidores netos a la economía y a los ingresos fiscales en vez de ser consumidores de servicios sociales. En 2002, el 79% de los hombres extranjeros en los Estados Unidos y el 77% de las mujeres tenían entre 20 y 64 años de edad, comparado con solo el 57% de los hombres y las mujeres nativos.[16] Darrell M. West, autor de *Brain Gain: Rethinking U.S. Immigration Policy*, dice que "la virtud de esta distribución es que realza los beneficios económicos de la inmigración".[17]

El hecho de que la mayoría de los inmigrantes llega durante sus años laborales también tiende a disminuir la demanda de los servicios sociales, dado que la mayoría de los servicios son consumidos por niños y personas mayores. El Banco de la Reserva Federal de Dallas informa que los inmigrantes "tienen un efecto beneficioso en la salud fiscal de programas gubernamentales de pago inmediato, como el Seguro Social y el Medicare. Como, en promedio, los inmigrantes son más jóvenes que los nativos y tienen tasas de fertilidad más altas, la inmigración desacelera el envejecimiento de la población. Esto reduce la velocidad del declive en la proporción de trabajadores a jubilados y ayuda a mantener la solvencia de estos programas".[18]

Como son más jóvenes que la población en su totalidad —y como los más robustos entre ellos son los más propensos a emigrar— los inmigrantes también son más saludables y consumen menos servicios de cuidado de salud que los estadounidenses nativos.[19] Además, muchos de los recién llegados, legales o ilegales, no pueden participar de Medicaid, Supplemental Security Income (SSI), vales de comidas o varios otros programas de asistencia social durante un período de tiempo prolongado. Los residentes permanentes legales deben contribuir durante diez años para cumplir con los requisitos para recibir los beneficios de Medicare o el Seguro Social.[20] Un estudio de 1997 por el National Research Council, ampliamente considerado el informante de los descubrimientos más definitivos sobre el tema, determinó que los inmigrantes pagan un promedio de $1.800 más en impuestos de lo que consumen en servicios.[21] Recientemente, un informe de 2004 de Judith Gans en el Udall Center for Studies in Public Policy en la Universidad de Arizona, determinó que los inmigrantes legales e ilegales contribuyeron $940 millones más hacia servicios sociales de lo que consumieron.[22]

Los críticos de la inmigración a menudo afirman que los extranjeros ocupan los puestos laborales que los estadounidenses necesitan y desean. De hecho, trabajadores con poca capacitación a menudo ocupan puestos trabajosos que los estadounidenses no tienen ganas de hacer;[23] y en muchas instancias, los inmigrantes altamente capacitados ocupan posiciones para las cuales hay un número inadecuado de estadounidenses que cumplen con los requisitos. A su vez, los trabajadores crean trabajos para otros a través de sus compras e impuestos, produciendo un impacto económico netamente positivo. Un estudio de 2006 determinó que los inmigrantes reducen los salarios de trabajadores estadounidenses nativos sin título secundario por 1,1%, mientras que aumentan el salario entre un 0,7 y un 3,4% para todos los demás.[24]

La agricultura estadounidense, en particular, está muy necesitada de trabajadores extranjeros hasta cuando el desempleo es alto. Los agricultores han intentado, sin éxito, atraer a trabajadores agrícolas nativos con salarios más altos y mejores beneficios, casi inútilmente. La escasez de trabajadores estadounidenses buscando tales trabajos se atribuye mayormente a la obtención de una educación terciaria: en 1960, la mitad de todos los hombres en la fuerza laboral estadounidense no llegaba a tener un título secundario; hoy en día, ese es el caso de menos del 10%. Si las granjas estadounidenses no pueden abastecer sus necesidades laborales, terminaremos dependiendo de otros países para una mayor cantidad de nuestro suministro de alimentos, con un declive acorde en oportunidades laborales de poca capacitación. Ese impacto se multiplica por la pérdida de trabajos de mayor capacitación y salarios más altos en el procesamiento y transporte agrícola, entre otros.[25]

El no lograr mantener una fuente fiable para trabajos de poca capacitación —o peor aún, los esfuerzos de ahuyentar a tales trabajadores del país— presagia consecuencias económicas desastrosas que son demasiado predecibles. Cuando Alabama recientemente se puso firme en cuanto a la inmigración ilegal a través de su proyecto de ley 56, le costó al estado una pérdida estimada de entre $2,3 y 10,8 mil millones en producto bruto interno anual.[26] Eso incluye una pérdida de 60.000 puestos de trabajo al final de la línea de producción como resultado de una producción agrícola perdida, y llevó a un declive de $260 millones en ingreso fiscal estatal.[27] El asistente del comisionado de agricultura de Alabama, Brett Hall, observó que entre los ciudadanos estadounidenses, "simplemente no tenemos a nadie que pueda hacer ese trabajo, ese trabajo arduo". Como consecuencia, una ley que tenía como intención abrir puestos de trabajo para los nacidos en los Estados Unidos al final ha llevado a posiciones ocupadas por refugiados de África, Haití y otras partes.[28]

El ejemplo de Alabama refleja un desafío mayor para la agricultura estadounidense desde la falta de una fuente laboral constante. Con más frecuencia, las cosechas que no pueden ser fácilmente mecanizadas —como las de manzanas, fresas, zarzamoras, sandías y duraznos— son sembradas fuera de los Estados Unidos por la escasez de trabajadores de salarios bajos. La mitad de las manzanas del mundo ahora son cosechadas en China.[29] Si no arreglamos nuestro sistema de inmigración, es de esperar que nuestro país pierda aún más producción agrícola a otros países. Las industrias hoteleras y de construcción enfrentan problemas similares.

Los inmigrantes son esenciales no solo para ocupar trabajos sino para crearlos. Los extranjeros son dos veces más propensos a comenzar negocios que los estadounidenses nativos.[30] La inclinación de los inmigrantes a crear empresas es esencial para el futuro de los Estados Unidos. Los pequeños negocios son la base de la economía estadounidense. Las empresas que tienen entre 1 y 99 trabajadores emplearon a 35 millones de personas en 2007, conformando así el 30% de todo el empleo del sector privado.[31] Sin embargo, la tasa de nuevas empresas está en un marcado declive. En 1977 había más de treinta y cinco negocios nuevos contratando a trabajadores por cada cien mil estadounidenses mayores de dieciséis años de edad; para 2010, esa tasa había bajado a diecisiete negocios nuevos por cada cien mil, una caída del 53%.[32] Pero mientras que la cantidad de negocios creados por estadounidenses nativos descendió entre 1996 y 2011, la tasa de negocios nuevos entre inmigrantes subió un 50%.[33]

Si hemos de revertir el declive del crecimiento de los pequeños negocios, los inmigrantes jugarían un papel desproporcionado. Los inmigrantes son una fuente importante de nuevos negocios, conformando el 18% de todos los dueños de pequeñas empresas —mucho más que su porcentaje de la población— y generando $776 mil millones en recibos anualmente desde 2007.[34] Los inmigrantes conforman el 43% de los dueños de pequeños hoteles y moteles y el 37% de los dueños de restaurantes. Representan un mayoría indiscutible entre los dueños de compañías de taxis, tintorerías y lavanderías, y estaciones de servicio, y son dueños de casi la mitad de los pequeños supermercados. Entre los inmigrantes dueños de pequeñas empresas, los mexicanos forman la parte más grande, seguidos por los inmigrantes nacidos en la India, Corea, Cuba, China y Vietnam. La mayoría de los inmigrantes dueños de negocios no tienen título terciario, lo cual ilustra el impacto dinámico positivo que hasta los inmigrantes de poca capacitación contribuyen a la economía estadounidense.[35]

Los inmigrantes también contribuyen a estabilizar y asegurar las comunidades. "Si quieres encontrar una ciudad segura", dice el criminólogo de la Universidad de Northeastern, Jack Levin, "primero averigua el tamaño de la población inmigrante. Si la comunidad inmigrante representa una proporción grande de la población, seguramente estás en una de las ciudades más seguras del país".[36] A pesar de sus altas tasas de pobreza, una población enorme de inmigrantes, y su proximidad a México al otro lado del Río Grande, El Paso, Texas, es una de las tres ciudades más seguras de la nación. A diferencia de lo que se cree, numerosos estudios a través de cien años han demostrado que los inmigrantes, tanto legales como ilegales, probablemente cometan menos delitos y sean detenidos menos que los estadounidenses nativos.[37] Las personas que vienen a los Estados Unidos en busca de oportunidades laborales y con la esperanza de quedarse son menos propensos a cometer crímenes con los que se arriesgan a ser deportados. A su vez, Standard & Poor's encontró que las ciudades con grandes números de inmigrantes tienen mejor solvencia crediticia, bases imponibles e ingresos per cápita.[38]

El efecto en conjunto de los inmigrantes —su energía, vitalidad, talento y emprendimiento— es enormemente beneficioso para la economía, elevando el producto bruto interno a $37 mil millones anualmente, de acuerdo a un estudio de 2007 por el White House Council of Economic Advisers.[39]

Pero los Estados Unidos corren el peligro de desperdiciar la ventaja competitiva que llevan tiempo sosteniendo para atraer a inmigrantes —en especial en una economía global, en donde las oportunidades económicas atractivas pueden nacer literalmente en cualquier parte. Algunas naciones, como Francia y Alemania —que tradicionalmente han limitado la inmigración—están tomando conciencia de las realidades demográficas y están trayendo a más recién llegados. A otros países del Nuevo Mundo que no están ligados a una identidad étnica, como Canadá y Nueva Zelanda, les está yendo aun mejor. Por lo tanto, mientras los Estados Unidos continúan teniendo el número más grande de inmigrantes del mundo, el porcentaje de los inmigrantes como parte de nuestra población total ahora es más o menos igual al de Francia y Alemania y está por debajo del de Australia, Nueva Zelanda y Canadá.[40]

Más de la mitad del reciente aumento de la fuerza laboral estadounidense ha venido de los inmigrantes; en el futuro, si es que vamos a tener un crecimiento en la fuerza laboral, los inmigrantes lo tendrán que proporcionar.[41] Los inmigrantes tienden a agruparse en partes de la economía de capacitación alta o baja.[42] Los Estados Unidos enfrentan desafíos —muchos de su propia mano por una política inmigratoria mal informada —en ambos lados de la ecuación.

La Oficina de Estadística Laboral del Departamento de Trabajo (Bureau of Labor Statistics) pronostica que la mayoría de las ocupaciones bajo rápido crecimiento serán aquellas que requieren poca capacitación o educación formal, en zonas como las de pasatiempos, hotelería y apoyo al cuidado de salud. El grupo laboral doméstico para tales posiciones ha disminuido, es decir que la oferta debe ser proporcionada por los inmigrantes.[43] Y, por supuesto, los trabajos agrícolas de salarios bajos y estacionales tradicionalmente han sido ocupados mayormente por inmigrantes, tanto legales como ilegales.

En cuanto a satisfacer las necesidades laborales y vencer los desafíos demográficos de una fuerza laboral que está envejeciendo, el deseo continuo entre los mexicanos y otros latinoamericanos de emigrar a los Estados Unidos es una bendición. El Pew Research Center encontró un alto grado de autoselección entre los mexicanos que desean emigrar a los Estados Unidos, siendo los mexicanos jóvenes y más educados los más propensos a venir aquí.[44] Los inmigrantes de la región también tienen tasas de reproducción más altas que los estadounidenses actuales; de hecho, el único grupo que produce más niños de lo necesario para reemplazar la población de nuestra nación son las mujeres hispanas, con una tasa de fertilidad de 2,4.[45] Como resultado, los hispanos suman aproximadamente un cuarto de todos los nacimientos estadounidenses.[46] La conclusión es que una corriente constante de inmigrantes jóvenes, y los niños que producen, es necesaria para revitalizar la sangre que está envejeciendo en nuestra nación, y México y el resto de Latinoamérica son importantes fuentes de esa oferta vital de trabajo.

Pero las condiciones cambiantes tienen el potencial de cambiar drásticamente la corriente de inmigración, tanto legal como ilegal, en nuestra frontera sureña. Las razones principales de las emigraciones masivas mexicanas durante la mayor parte del último siglo y el comienzo del siglo XXI fueron un considerable crecimiento de la población y la falta de oportunidades económicas. Ambas presiones son menores ahora: el índice de natalidad de los mexicanos está disminuyendo y en estos momentos está apenas por encima del nivel de reemplazo. Entretanto, las reformas económicas han llevado a una mejorada economía mexicana. En 2010, el producto bruto interno mexicano creció un 5%, la manufactura creció un 6% y la tasa de desempleo era del 5,5%.[47] Esos número no solo son mucho mejores que los de los Estados Unidos, sino que sugieren posibilidades económicas más positivas para los mexicanos que las de años anteriores.

Al tiempo que las presiones de emigración están menguando en México, la inmigración legal a los Estados Unidos se está volviendo más pesada. La cantidad de visas H-2A y H-2B para trabajo estacional en la agricultura, la construcción y el turismo está limitada a 66.000 por año.[48] Los que tienen visas provisionales de trabajo enfrentan tales retrasos en las solicitudes para la residencia permanente que a menudo regresan a sus países.[49]

La combinación de una economía estadounidense pobre, un creciente control de la frontera y mejoras en las condiciones en México, ha contribuido a un duro cambio de rumbo de la inmigración mexicana a los Estados Unidos. El número anual de mexicanos que se dirigen a los Estados Unidos cayó de más de 1 millón en 2006 a 404.000 en 2010.[50] Al menos la misma cantidad ha regresado a México. "La ola de inmigración más grande en la historia de un solo país a los Estados Unidos se ha detenido", informó el Pew Hispanic Center en abril de 2012. Luego de 12 millones de inmigrantes a través de las últimas cuatro décadas, "la corriente migratoria neta de México a los Estados Unidos se ha detenido y puede que haya cambiado de rumbo".[51]

El declive de la inmigración mexicana a los Estados Unidos puede parecer bienvenido durante una recesión económica, pero puede probar ser extremadamente dañino a la economía estadounidense a largo plazo, privando a industrias enteras de una fuente esencial de trabajo, y al país de la oferta abastecedora de jóvenes asalariados. Sería dolorosamente irónico que el "problema" con la inmigración mexicana evolucionara de demasiada a muy poca. Pero si no racionalizamos nuestra política inmigratoria nacional para reflejar las cambiantes realidades demográficas y económicas, quizá no podamos depender de los inmigrantes para que inviertan el declive de la población que amenaza con ahogar a nuestra economía e imponer cargas imposibles de asistencia social sobre futuras generaciones.

REVIRTIENDO LA FUGA DE CEREBROS

Los retos son aún más urgentes para enfrentar la necesidad de inmigrantes altamente capacitados. Las escuelas estadounidenses simplemente no están produciendo suficientes graduados altamente entrenados en matemática, ciencia, ingeniería y tecnología. De hecho, un número desproporcionado de esos graduados está siendo producido por países extranjeros. Las disparidades son notorias y aleccionadoras: el 38% de graduados coreanos tiene títulos en Ciencia e Ingeniería, junto con el 33% de los alemanes, el 28% de los franceses, el 27% de los ingleses, el 26% de los japoneses —y solo el 16% de los estadounidenses.[52] El número de doctorados en Ingeniería y Ciencia recibidos por ciudadanos estadounidenses en efecto ha caído más de un 20% en la última década.[53]

Nuestras deficiencias educativas han creado lo que el vicepresidente ejecutivo de Microsoft, Brad Smith, describe como una paradoja económica: "Hay demasiados estadounidenses que no pueden encontrar empleo, sin embargo hay demasiadas compañías que no pueden llenar puestos disponibles. Hay muy pocos estadounidenses con la capacitación necesaria en ciencia, tecnología e ingeniería para satisfacer las demandas de las compañías".[54] Todos los años, los Estados Unidos crean 120.000 puestos de trabajo que requieren un título terciario en Informática, pero anualmente produce sólo 40.000 graduados con tales títulos —nada sorprendente dado que solo 4% de las secundarias estadounidenses ofrecen clases de nivel avanzado en informática. "Si no aumentamos el número de estadounidenses con las habilidades necesarias", dice Smith "emigrarán cada vez más trabajos al extranjero, creando desafíos aún más grandes para nuestra competitividad a largo plazo y nuestro crecimiento económico".

Obviamente, debemos mejorar el sistema educativo de kínder al último año de secundaria para producir graduados que puedan satisfacer las demandas de una economía de alta tecnología y competir con los graduados de países extranjeros. Pero hasta que lo hagamos, no hay un sustituto para el hecho de atraer y darle la bienvenida a grandes números de estudiantes y profesionales de países extranjeros, si queremos tener la esperanza de mantener la prosperidad y el liderazgo estadounidense en la economía global.

Afortunadamente, durante muchos años hemos atraído una parte enormemente desproporcionada de los mejores científicos, ingenieros y empresarios del mundo. De hecho, más de un cuarto de todos los científicos e ingenieros estadounidenses nació en otro país.[55] Richard Florida, el autor de *The Rise of the Creative Class,* arguye que la ventaja competitiva más grande de nuestra nación en el mundo ha sido "su estatus durante el último siglo como el país más abierto del mundo".[56]

Esa apertura ha alimentado el liderazgo estadounidense en la revolución tecnológica. El fundador de Microsoft, Bill Gates, ha caracterizado a los Estados Unidos como un "imán de CI". Le dijo a una comisión congresal en 2007: "Durante generaciones, los Estados Unidos ha prosperado en gran parte por atraer a los mejores y más brillantes del mundo para que vengan a estudiar, vivir y trabajar en los Estados Unidos [...] El éxito [de nuestra nación] en atraer al mejor talento nos ha ayudado a convertirnos en un líder global de la innovación, enriquecer nuestra cultura y crear una oportunidad económica para todos los estadounidenses".[57] De hecho, más de un tercio de los ganadores estadounidenses del Premio Nobel ha nacido en otro país, una proporción que creció el doble entre 1990 y 2001. En el Silicon Valley, la mitad de todas las compañías nuevas fueron fundadas por inmigrantes.[58] Google, Intel y eBay, entre otras, todas fueron construidas por inmigrantes.[59] Para el año 2000, más de la mitad de los ingenieros con doctorados en los Estados Unidos nació en países extranjeros.[60] Además, los inmigrantes se están volviendo cada vez más clave para nuestra economía a base del conocimiento. En 1999, los científicos nacidos en los Estados Unidos recibieron 90.000 patentes, en comparación a 70.000 de los científicos de todos los demás países. Para 2009, fueron otorgadas más patentes a científicos nacidos en países extranjeros (96.000) que a estadounidenses (93.000).[61]

Los beneficios económicos de la inmigración altamente capacitada son enormes. Desde 2005, las empresas de ingeniería y tecnología creadas por inmigrantes en los Estados Unidos produjeron $52 mil millones en ventas anuales y emplearon a 450.000

trabajadores.[62] De una manera muy real, los inmigrantes son el combustible del motor económico de los Estados Unidos.

La continuación de un liderazgo estadounidense en la tecnología es absolutamente vital para el crecimiento económico futuro. En su reciente libro, *The New Geography of Jobs,* Enrico Moretti, profesor de economía en la Universidad de California, Berkeley, determina que todo trabajo de alta tecnología en una zona metropolitana produce cinco trabajos de servicios en la economía local, comparado con 1,6 trabajos de servicios creados por cada trabajo en el sector de manufactura tradicional.[63]

Pero si continuamos con nuestras actuales políticas inmigratorias equivocadas, la oferta de trabajadores extranjeros altamente capacitados se agotará. El Congreso reconoció esta realidad en la década de los noventa cuando comenzó a incrementar el número de visas H-1B para extranjeros altamente capacitados de 115.000 en 1999 a 195.000 en 2001. Pero como consecuencia del 11 de septiembre, el incremento no fue renovado.[64] Las visas H-1B ahora tienen un tope de 65.000 anualmente, con otras 20.000 visas para estudiantes extranjeros que reciben títulos avanzados de universidades estadounidenses.[65] Esos números son totalmente inadecuados para preservar el papel de liderazgo de los Estados Unidos en la tecnología.

De hecho, los cupos para trabajadores extranjeros altamente capacitados son tan bajos que en algunos de los últimos años los puestos se llenaron en unos días.[66] Casi todas las visas H-1B las reciben trabajadores que están auspiciados por grandes compañías,[67] resultando en pocos trabajadores altamente capacitados disponibles para las pequeñas empresas o para crear sus propias compañías. No solo ocurre que los números son muy bajos, sino que el proceso es complejo, con el efecto de que a menudo le cuesta a la compañía auspiciante entre $40.000 y $50.000 en honorarios de abogados para conseguir una visa para cada trabajador altamente capacitado.[68]

La falta de visas H-1B empeoró con la aprobación de la Ley de Reinversión y Recuperación (American Recovery and Reinvestment Act) de 2009. Enterrada dentro de esta ley había una provisión apoyada por los sindicatos llamada Employ American Workers Act (Emplea Trabajadores Estadounidenses), la cual limitaba las visas H-1B para cualquier compañía que recibiera asistencia de recuperación federal. "Dentro de los días en que el presidente aprobó la ley", cuenta Matthew J. Slaughter, profesor y decano asociado del Tuck School of Business en Dartmouth College, "un número de bancos estadounidenses retiró ofertas de trabajo que les había ofrecido meses antes a estudiantes de Maestría en Negocios nacidos en el extranjero".[69] El resultado neto, dice Slaughter: "Ideas perdidas. Trabajos perdidos. Impuestos perdidos".

Las visas de trabajo son tan solo el comienzo de los problemas. Una vez que están aquí, aun mientras están armando sus vidas en los Estados Unidos, los inmigrantes altamente capacitados enfrentan límites numéricos severos y largos períodos de espera para sus tarjetas verdes, las visas que proveen residencia legal permanente y llevan a la ciudadanía.[70] A partir de 2007, un millón de trabajadores capacitados estuvieron esperando hasta diez años las 140.000 tarjetas verdes disponibles cada año para trabajadores capacitados. Lo que agrava el problema es que ningún país extranjero puede dar cuenta por sí solo de más del 7% de las tarjetas verdes, por lo que los inmigrantes altamente capacitados de la India —quienes han creado más compañías estadounidenses que los inmigrantes de los siguientes cuatro países combinados— están limitados a las mismas 9.800 tarjetas verdes anuales que cualquier otro país. Los trabajadores con visas provisorias no pueden ni cambiar de trabajo ni recibir un ascenso sin comenzar el proceso de solicitud todo de nuevo, y sus cónyuges tienen prohibido trabajar. Como consecuencia, a pesar de su importancia crucial para la economía, muchos inmigrantes altamente capacitados están regresando a sus países o yendo a otros, llevándose consigo su talento y capital.[71]

Un cupo de visa estadounidense que a menudo no se llena es para los inversores —y eso es porque los requisitos, que en general incluyen una inversión inicial de $1 millón, son tan onerosos que pocos pueden cumplir con el criterio para una de las 10.000 visas disponibles cada año. Pero, aún si fuese más fácil conseguir tales visas, puede que esa no sea la mejor manera de fomentar negocios estadounidenses creados por inmigrantes. Un estudio de 2007 publicado por la Ewing Marion Kauffman Foundation informó que entre las empresas estadounidenses de alta tecnología creadas por inmigrantes, solo el 1,6% fueron fundadas por extranjeros que vinieron aquí con el propósito de crear un negocio. Más de la mitad fueron creadas por extranjeros que vinieron a los Estados Unidos a estudiar, y 40% fueron creadas por inmigrantes que vinieron aquí a trabajar.[72] Obviamente, es vital abrir un canal para trabajadores y estudiantes talentosos, no solo por las habilidades que traen consigo sino por el potencial empresarial enorme que proveen.

Pero la política inmigratoria estadounidense actual va totalmente en contra de esa necesidad crucial. El gran problema que no puede ser ignorado dentro de la política inmigratoria es el de la "reunificación familiar". Una mayoría considerable de visas —casi dos tercios— es asignada cada año para ese propósito, con las visas de trabajo y asilo político compartiendo lo que queda.[73] La reunificación familiar no solo se extiende a padres e hijos menores, sino a tías, tíos, primos e hijos mayores de edad, quienes a su vez entonces tienen el derecho de traer otros parientes en un espiral sin fin que se conoce como "inmigración en cadena". A diferencia de los inmigrantes trabajadores, quienes por definición contribuyen a la economía, muchos de los inmigrantes familiares no entran a la fuerza laboral y son consumidores netos de servicios sociales. Sin embargo, por las razones más benévolas, la reunificación familiar se ha vuelto el conductor principal de la política inmigratoria, con el efecto altamente adverso de aplastar oportunidades para inmigrantes trabajadores que harían una contribución tremenda a la prosperidad estadounidense.

"Ninguna otra gran economía desarrollada le da tan poca prioridad a la inmigración laboral", observaron las economistas Pia M. Orrenius y Madeline Zavodny, quienes informan que los Estados Unidos asignan la parte más pequeña de visas de residentes permanentes a inmigrantes laborales.[74] El *Economist* observa que "durante más de una década los Estados Unidos ha estado ahogando su suministro de talento extranjero, como un buzo que aprieta su propio tubo de respiración".[75]

Como consecuencia, países que alguna vez miraron con ansias la relevancia económica de los Estados Unidos, ahora están aprovechando los disparates de sus políticas inmigratorias. Al tiempo que la porción de visas estadounidenses de hecho cayó por razones económicas del 18 al 13% de todas las visas entre 1991 y 2011, en Canadá se disparó de 18 a 67%. De hecho, aunque solo tiene una décima parte de la población de los Estados Unidos, Canadá otorga más visas de trabajo que nosotros.[76] Hasta los tradicionalmente aislados China y Japón están liberalizando las reglas migratorias para profesionales altamente capacitados.[77] En Chile, los empresarios extranjeros pueden obtener una visa en unas semanas, lo cual ha llevado a la creación de quinientas compañías nuevas creadas por inmigrantes de treinta y siete países en solo dos años. "Muchos de los que acuden a Chilecon Valley, como se lo ha apodado, hubieran preferido ir a los Estados Unidos, pero no podían enfrentar una década de humillación inmigratoria", informó el *Economist*.[78]

Esa conclusión no exagera los obstáculos que pone nuestra nación en el camino de posibles creadores de empresas. No solo es limitado el número de visas de trabajo y empresas, sino que el proceso para esperar las tarjetas verdes es largo —a menudo tarda años— e impredecible. Escribiendo en el *Wall Street Journal*,

Alexandra Starr cuenta la historia del empresario argentino Pablo Ambram, quien pasó tres meses en una incubadora empresarial en San Diego desarrollando una compañía llamada Agent Piggy, la cual usa tecnología para enseñarles a los niños sobre gestión financiera. Pero el proceso para obtener una visa era tan caro, incierto y largo que se llevó su negocio a Chile, donde ha logrado recaudar más de $300.000 y contratar a cuatro empleados.[79] Es trágico que los trabajadores y empresarios entrenados en los Estados Unidos tengan pocas opciones más que llevar su talento, ideas y capital a otra parte, pero ese es precisamente el resultado de una política inmigratoria que aplasta oportunidades para que los mejores y más brillantes puedan convertirse en estadounidenses productivos.

Tampoco son solo las personas de otros países las que están yendo en busca de otras oportunidades fuera de los Estados Unidos. También se están yendo jóvenes altamente capacitados que nacieron o fueron criados aquí por inmigrantes. El *New York Times* informó sobre el fenómeno alarmante de hijos de inmigrantes estadounidenses emigrando a los países de sus padres y otras partes en busca de más oportunidades económicas. Un inmigrante de Taiwán le dijo a su hijo: "Trabajé tan duro para traerte a los Estados Unidos ¿y ahora quieres regresar a China?".[80] Pero mientras se abran más empresas de alta tecnología en el extranjero —y mientras más países ablanden sus requisitos para obtener visas— nuestra nación perderá muchos de los mejores y más brillantes a nuestros contrincantes económicos. Producir ingenieros y científicos para China está lejos de ser un beneficio para los Estados Unidos.

Mientras tanto, las compañías estadounidenses como Microsoft están abriendo instalaciones fuera de los Estados Unidos donde pueden emplear o importar números adecuados de trabajadores capacitados.[81] A su vez, mientras muchos estadounidenses se quejan de que las compañías subcontratan sus necesidades laborales, nuestras políticas inmigratorias están ahuyentando compañías al hacerles imposible cumplir con sus necesidades de talento dentro de nuestras fronteras —a un precio tremendo en cuanto a la pérdida de trabajos bien pagos, ingresos fiscales y crecimiento económico y dinamismo.

En cuanto a atraer talento extranjero, la mayor ventaja competitiva tradicional de los Estados Unidos han sido sus universidades. Darle una educación terciaria de primera calidad a estudiantes extranjeros prometedores —y luego conservando a muchos aquí— ha sido una combinación ganadora que ningún otro país ha podido alcanzar. Entre una mitad y tres cuartos de las mejores universidades del mundo se encuentran en los Estados Unidos. Esas instituciones, a su vez, crean una fuente de talento para las empresas estadounidenses. Un estudio de 2004 demostró que casi dos tercios de los estudiantes extranjeros que recibían doctorados en los Estados Unidos seguían aquí dos años después de sus graduaciones.[82]

Pero los Estados Unidos están perdiendo rápidamente su ventaja dada la combinación de límites a la inmigración y la competencia de países extranjeros que están descubriendo los beneficios de atraer a estudiantes extranjeros. El número de estudiantes extranjeros estudiando en los Estados Unidos cayó pronunciadamente después del 11 de septiembre. Para 2004, el número de estudiantes chinos en escuelas de posgrado estadounidenses había caído un 45%, y el número de estudiantes del Oriente Medio se desplomó a la mitad.[83] Las inscripciones extranjeras recién comenzaron a subir en 2006. Mientras tanto, las inscripciones de estudiantes extranjeros han estado aumentando a un índice de dos cifras en Europa, Australia y Canadá.[84]

Además, muchos de los estudiantes no pueden obtener visas de trabajo después de graduarse. Cada año, las universidades estadounidenses entrenan a más de medio millón de estudiantes internacionales, pero muchos se ven forzados a regresar a sus países o a ir a otros por las limitaciones migratorias.[85] El resultado perverso de nuestra confusa política inmigratoria es que mientras fallamos en capturar la enorme inversión que han hecho nuestras escuelas en estos estudiantes, otros países están cosechando los beneficios. Robert Zubrin, presidente de Pioneer Astronautics, arguye que "la idea de que excluyendo el talento inmigrante de la fuerza laboral estadounidense podemos evitar que compita con estadounidenses es irrisoria. En vez, al excluir extranjeros capacitados o formados, estamos garantizando que competirán con trabajadores y empresas estadounidenses desde otros países".[86]

Los estudiantes extranjeros que estudian en los Estados Unidos también proporcionan otro beneficio importante, ya que a menudo adoptan los valores occidentales y son mucho menos hostiles hacia los Estados Unidos que aquellos que nunca han pasado una buena cantidad de tiempo aquí. Una encuesta de 2006 demostró que los extranjeros que viajaron aquí tenían el doble de probabilidades de tener una imagen positiva de los Estados Unidos que aquellos que no lo habían hecho.[87] Por ende, hasta los estudiantes que regresan a sus países después de estudiar aquí a menudo benefician a los Estados Unidos desde posiciones de influencia al servir como influencias moderadoras y a favor del mundo occidental. De hecho, un gran número de líderes mundiales fueron entrenados en universidades estadounidenses y mantienen lazos duraderos que son esenciales para la diplomacia y los intereses estadounidenses. Tales lazos son especialmente valiosos en Oriente Medio y países musulmanes que incuban enemistad hacia nuestra nación.

Es igualmente importante reconocer que algunos estudiantes vienen aquí para adquirir aprendizajes con la intención de utilizarlos para fines malintencionados al regresar a sus países, y una política inmigratoria racional buscará separar a nuestros amigos de nuestros enemigos. Pero simplemente no debemos permitir que nuestro miedo al daño de una pequeña minoría de estudiantes extranjeros nos obligue a aislarnos, porque ese aislamiento en sí engendra hostilidad. El mejor antídoto para la ideología antioccidental es la exposición a los ideales occidentales. Los amplios beneficios derivados de la apertura a jóvenes talentosos de otros países deben ser un conductor central de la política inmigratoria. No nos podemos dar el lujo de perder nuestra ventaja competitiva en la atracción de estudiantes extranjeros, pero nuestra política inmigratoria actual nos hace correr el riesgo de hacer precisamente eso.

En resumen, más que nunca antes, la inmigración es nuestra sangre vital económica. El alcalde de Nueva York, Michael Bloomberg, él mismo un empresario increíblemente exitoso, dice que "reformar un sistema de inmigración averiado es el paso más importante que puede tomar el Gobierno federal para mejorar la economía".[88] Entre los muchos pasos que debemos tomar para restaurar el crecimiento económico y la prosperidad estadounidense, ninguno ofrece una respuesta más inmediata que el de mejorar nuestro sistema de inmigración. "La reforma migratoria tiene una gran ventaja sobre otros cambios que pueden aumentar el capital humano", arguye Gary Becker. "Es algo que se puede hacer casi de inmediato. Si el Gobierno federal cambiara las leyes relevantes y dejara entrar a personas altamente capacitadas al país, los Estados Unidos vería la contribución de esos nuevos inmigrantes a la economía en no más de un año. Ese es un paso directo hacia una mayor prosperidad, y uno que pagará dividendos en los años venideros".[89]

En cambio, el no lograr aprovechar la vitalidad de los inmigrantes encomendará a nuestra nación a un futuro sombrío. Asegurar la futura prosperidad estadounidense significa continuar dándole a un número abundante de trabajadores recién llegados la bienvenida a la familia estadounidense.

3

LA LEY

NUESTRO LLAMADO A UNA POLÍTICA nacional que reconozca la importancia crucial de la inmigración no es enfáticamente un llamado a abrir las fronteras. Consideramos que se les debe permitir a las fuerzas del mercado que jueguen un papel importante en la política inmigratoria. Es irónico que algunos de los partidarios más acérrimos de un mercado libre en otras zonas de la política pública hagan una excepción en cuanto a la inmigración. El número de inmigrantes ilegales manda una fuerte señal de que la demanda de la inmigración —tanto entre las personas que quieren venir aquí a trabajar y aquellos que las quieren emplear—

excede la oferta. Similarmente, los niveles de inmigración consistentemente bajan durante tiempos de aflicción económica.

Pero los legisladores de nuestra Constitución tuvieron buenos motivos para hacer que la naturalización fuese un tema de política nacional. El control de la inmigración y la frontera es un atributo esencial de la soberanía nacional. Aunque la gran mayoría de los inmigrantes viene aquí para trabajar o por la reunificación familiar, algunos vienen para aprovecharse de nuestra generosidad. Otros vienen para beneficiarse con el crimen. Y como quedó dolorosamente claro el 11 de septiembre, aun otros vienen a herir a nuestra nación, nuestra gente y nuestra manera de vivir. No solo tenemos el derecho sino el deber de asegurarnos de que aquellos que vienen aquí lo hagan por las razones correctas.

Asimismo, mientras un suministro adecuado de inmigrantes trabajadores enriquece nuestra nación, debemos regular la corriente para no sobrecargar nuestros servicios sociales ni involuntariamente exacerbar el desempleo o debilitar los salarios. Esta última preocupación a menudo es exagerada: pocos inmigrantes están interesados en venir a los Estados Unidos si no existen oportunidades económicas. Pero hay muchos ejemplos de empleadores que contratan a inmigrantes ilegales con salarios bajos, creando una economía del mercado negro que elimina oportunidades laborales para estadounidenses e inmigrantes legales. Por eso es esencial que tengamos una oferta amplia de trabajadores para posiciones de trabajo duro que pocos estadounidenses desean y para posiciones altamente capacitadas para las cuales hay un número inadecuado de estadounidenses con capacitación para ocuparlas. Pero es igualmente esencial que existan fuertes medidas disuasivas para aquellos que quieren aprovecharse del sistema.

El fracaso de la ley en la política inmigratoria estadounidense se manifiesta vívidamente en los aproximados 11 a 12 millones de inmigrantes ilegales que residen en nuestro país.[1] A diferencia de los beneficios que fluyen de la inmigración legal, los costos de la inmigración ilegal son considerables. Aunque los inmigrantes ilegales no son elegibles para la asistencia social, el Seguro Social ni para la mayoría de los beneficios de cuidado de salud, sí son elegibles para los servicios médicos de urgencia, que son costosos (en especial dado que a menudo son usados para necesidades médicas rutinarias). La Federación para la Reforma Inmigratoria Estadounidense (Federation for American Immigration Reform) estima que el costo de la inmigración ilegal de educar a niños en escuelas primarias y secundarias, de proveer servicios médicos en salas de urgencia y de encarcelamiento es de $36 mil millones anuales.[2] Además, los hijos de inmigrantes ilegales nacidos en los Estados

Unidos son ciudadanos y son totalmente elegibles para recibir servicios sociales.[3] El costo de esos servicios lo conllevan primordialmente los gobiernos estatales y locales, muchos de los cuales tienen contribuyentes que entendiblemente resienten el hecho de tener que cargar con el peso económico de un control de fronteras fallido por parte del Gobierno federal.

Por definición, muchos inmigrantes ilegales viven en la sombra de la sociedad, a menudo trabajando en el mercado negro, sin pagar su parte de los impuestos y sirviendo como presa fácil para los delincuentes. Pero en muchos casos, no estarían aquí si no fuese por los empleadores que están dispuestos a contratar inmigrantes ilegales y, a su vez, a menudo explotarlos porque no pueden quejarse. Esos empleadores disfrutan de una ventaja injusta sobre los competidores que obedecen la ley. Sin embargo, a pesar de las fuertes sanciones federales existentes que datan de hace más de un cuarto de siglo para empleadores que contratan a inmigrantes ilegales, se ha invertido poco esfuerzo en hacerlas cumplir.[4]

Que tanta gente haya desobedecido nuestras leyes para entrar ilegalmente y permanecer en nuestra nación demuestra que tanto las políticas como su cumplimiento tienen defectos profundos. Además, una política inmigratoria que se percibe como anárquica socava el apoyo público para la inmigración legal. Por eso es tan importante no premiar a aquellos que han entrado a nuestra nación ilegalmente. Las reformas migratorias de 1986, que le otorgaron amnistía a millones de personas que entraron ilegalmente al país y que nunca cumplieron con las promesas de controlar la corriente de inmigración, hoy en día siguen afectando el debate sobre inmigración. En consecuencia, toda propuesta de reforma integral que incluya cualquier cosa que se asemeje a la amnistía provoca un amplio escepticismo y oposición.

Similarmente, la percepción común de que el Gobierno federal no controla la frontera eficazmente ni hace cumplir las leyes de inmigración más agresivamente evoca un fuerte contragolpe popular, reflejado en las leyes promulgadas por varios estados que buscan controlar la inmigración ilegal. El juez Antonin Scalia elocuentemente expresó ese sentimiento en su opinión disidente frente a la opinión de la Corte Suprema de los Estados Unidos que derogó varias partes del S.B. 1070. "Arizona se lleva la peor parte de la inmigración ilegal del país", escribió Scalia. "Sus ciudadanos se sienten bajo asedio por la gran cantidad de inmigrantes ilegales que invaden sus propiedades, saturan sus servicios sociales y hasta ponen sus vidas en peligro. Los funcionarios federales no han podido solucionar el problema, y de hecho, recientemente han demostrado que no están dispuestos a hacerlo".[5]

El contragolpe a los percibidos fracasos del Gobierno federal para hacer cumplir las leyes de inmigración también se manifiesta en el apoyo popular a los funcionarios electos que toman riendas en el asunto. El más famoso de todos es el sheriff del condado de Maricopa, Arizona, Joe Arpaio, quien ha recaudado millones de dólares para financiar su agenda política. A pesar de su posición inicial de que los recursos de las autoridades del orden público locales deberían concentrarse en los delincuentes serios como los traficantes de humanos, las barridas migratorias altamente publicitadas de Arpaio se dirigieron a personas con luces traseras rotas y atraparon a pocos inmigrantes ilegales con prontuarios criminales serios. Al tiempo que desviaba vastos recursos hacia las redadas, la oficina del sheriff no logró investigar cientos de crímenes sexuales y dejó de entregar decenas de miles de órdenes judiciales criminales.[6] Sin embargo, aunque Arpaio ganó la reelección en 2012 con una mayoría mucho más pequeña de lo normal, sigue siendo uno de los políticos más populares de Arizona porque los votantes creen que es uno de los pocos funcionarios electos que realmente hacen cumplir las leyes de inmigración.

Los estados pueden y deben ser socios valiosos para hacer cumplir la política inmigratoria —pero bajo ciertas circunstancias, sus leyes y esfuerzos para hacerlas cumplir pueden frustrar los propósitos nacionales. El fracaso del Gobierno nacional en hacer participar enteramente a los estados como socios esenciales en la política inmigratoria, en hacer cumplir las leyes de inmigración eficazmente y en reconocer que los estados cargan con una parte desmedida del costo de la inmigración ilegal, todo ha contribuido a recientes esfuerzos por parte de los estados para lidiar con la inmigración ellos mismos. Es vitalmente importante para el éxito de la política inmigratoria que el Gobierno federal fomente una relación cooperativa con los estados en lugar de una antagonista.

Las políticas inmigratorias adoptadas unilateralmente por el presidente también socavan la ley y el apoyo público para la reforma migratoria. La Constitución inviste autoridad sobre la naturalización en las manos del Congreso, no del presidente. Obviamente, el presidente tiene una amplia libertad sobre cómo hacer cumplir la ley, pero la ley debe ser promulgada por el Congreso, sin importar cuán exasperante y oneroso sea el proceso legislativo.

El presidente, por ejemplo, tiene el poder para determinar si los inmigrantes ilegales serán deportados según cada caso. Además, el presidente puede establecer prioridades para el cumplimento de la ley, como lo hizo Obama al priorizar las deportaciones de inmigrantes ilegales que cometieron delitos serios.

En 2012, Obama invocó esa autoridad ejecutiva para decretar

que cientos de miles de niños que fueron traídos aquí ilegalmente por sus padres pudieran permanecer aquí legalmente durante un período de tiempo específico bajos ciertas condiciones prescritas. La política mantenía que el Gobierno diferiría toda acción contra inmigrantes de menos de treinta y un años de edad que hubieran sido traídos a los Estados Unidos con menos de dieciséis años; que hubieran vivido continuamente aquí; que no hubieran sido condenados por un crimen o un delito menor; y que fueran estudiantes, graduados de la secundaria o tuvieran el certificado del GED, o fueran dados de baja honorable del Ejército. Aproximadamente 900.000 personas, la mayoría de Latinoamérica y Asia, fueron elegibles.[7]

Como asunto de políticas, encontramos mucho para elogiar de la acción del presidente Obama. Pero elevó el fin por encima de los medios, evitando al Congreso e imponiendo por decreto ejecutivo una política que había sido rechazada a través de la rama legislativa. Al hacer eso, el presidente Obama causó más daño a los prospectos de una reforma migratoria integral. "Cualquier solución a largo plazo tiene que pasar por el Congreso —y tiene que ser bipartidista", argumentó Tamar Jacoby, presidente y CEO de ImmigrationWorks USA. "Y la acción política descaradamente partidista del presidente Obama sólo lo hace más difícil".[8]

Ciertamente, lo que muchos perciben como una acción de

liderazgo valiente en realidad le siguió a la falta de liderazgo del presidente Obama para fomentar una reforma migratoria integral —o siquiera una ley DREAM— cuando tenía la mayoría en ambas cámaras del Congreso y después de haber prometido hacer exactamente eso.[9] Además, las órdenes ejecutivas son breves. Fácilmente pueden ser revocadas por futuros presidentes, socavando la certeza y previsibilidad que son cruciales tanto para la toma de decisiones individuales como para forjar soluciones a largo plazo. Como bien dijo la sucursal en Arizona del American Immigration Lawyers Association: "No hay garantía de que la política no cambie más adelante y potencialmente exponga a los individuos a la deportación".[10] La acción ejecutiva unilateral puede verse bien durante las elecciones —pero una reforma integral y duradera solo puede lograrse a través del proceso legislativo, y eso a su vez requiere de un fuerte liderazgo presidencial.

NECESIDAD URGENTE, OPORTUNIDAD LLAMATIVA

Dados los serios desafíos demográficos y la creciente competencia de otros países, no podemos darnos el lujo de esperar mucho más para reformar fundamentalmente las leyes de inmigración de nuestra nación. Afortunadamente, la oportunidad para una acción bipartidista parece estar cerca. Ambos candidatos presidenciales en 2012 prometieron que harían de la reforma migratoria su prioridad principal. Hacia finales de 2012, los miembros del Congreso en ambos partidos comenzaron a dar pasos para aumentar el número de inmigrantes altamente capacitados. Y aunque veinte estados presentaron leyes y cinco estados promulgaron leyes inspiradas en la S.B. 1070 de Arizona al año de haberse aprobado como ley, en 2012 tales leyes fueron presentadas por solo cinco estados y ninguna fue aprobada.[11] Aparentemente, la disminución en los número de personas entrando al país ilegalmente ha aliviado la presión pública por medidas adicionales, lo cual puede ayudar a abrir el camino hacia un esfuerzo a nivel nacional para una reforma integral.

Los dos principios centrales que proponemos —un sistema eficiente y factible que reconozca la importancia vital de la inmigración junto con un cumplimiento genuino de la ley— pueden formar la base no solo para un acuerdo bipartidista, sino para una política pública sensata y duradera. Esos dos principios centrales se fortalecen mutuamente. Proponer un aumento en la inmigración sin hacer cumplir las leyes socava el apoyo público para la inmigración. De igual manera, hacer la vista gorda de la inmigración ilegal consigna a aquellos que llegan ilegalmente a vidas entre las sombras y un miedo constante, mientras que al mismo tiempo alimenta un amplio contragolpe y resentimiento. A su vez, arreglar el sistema de inmigración para que las personas que quieran venir a trabajar tengan una oportunidad razonable y predecible de asegurar esa oportunidad a través de canales legales sería el mejor freno posible para la inmigración ilegal.

De hecho, una política solo para hacer cumplir las leyes o una política para primero asegurar la frontera son contraproducentes. Indiscutiblemente, el aumento del control de la frontera ha contribuido, junto con las condiciones económicas de ambos lados de la frontera, a un número enormemente reducido de inmigrantes ilegales de México. Pero también ha causado que más inmigrantes ilegales permanezcan en los Estados Unidos en vez de arriesgarse a hacer múltiples cruces de la frontera. De 1986 a 2006, la probabilidad de que inmigrantes ilegales regresaran a México bajó del 60% a alrededor del 15%. "Los mexicanos indocumentados ya no están viniendo a los Estados Unidos", escribió el sociólogo de la Universidad de Princeton, Douglas S. Massey, "pero es cada vez menos probable que aquellos que ya están aquí se vayan".[12]

Seamos claros al respecto. Hay una razón sobre todas las demás por la que tenemos millones de inmigrantes ilegales en este país:

porque bajo nuestro sistema de inmigración actual, no hay una via legal para que puedan entrar al país. A menos que reciban una de las pocas visas provisionales de trabajo o tengan credenciales para cumplir con los requisitos para una de las visas de trabajo de alta capacitación, también de cantidades igualmente pequeñas, o a menos que sean estudiantes terciarios o parientes de residentes legales, no hay un mecanismo simple por el cual pueden emigrar legalmente a los Estados Unidos. Entonces decir que "deberían esperar en la fila como todos los demás" es un argumento hueco porque no hay una fila en la cual esperar. Los días en que la gente podía emigrar legalmente a los Estados Unidos por el solo hecho de perseguir el sueño americano son un recuerdo como lo es Ellis Island. Si no proveemos un mecanismo legal para la inmigración de dichas personas, podemos esperar una corriente continua de inmigración ilegal durante buenos tiempos económicos, sin importar cuántas cercas construyamos ni cuántos obstáculos pongamos en sus caminos.

Enfáticamente, la mejor solución a la inmigración ilegal es un sistema viable de inmigración legal. Tamar Jacoby dice que el sistema de inmigración actual es como intentar imponer un límite de velocidad de 25 millas por hora en las autopistas: es ilógico, no funcionará y los esfuerzos por hacer cumplir la ley que deberían usarse para intentar que funcione serían costosos y onerosos.[13]

Como bien determinó el Council on Foreign Relations en el informe por su fuerza especial independiente sobre la inmigración: "Ningún esfuerzo por hacer cumplir la ley tendrá éxito a menos que se pueda hacer que los canales legales para llegar a los Estados Unidos funcionen mejor".[14] Jacoby lo resumió bien en un testimonio ante el Comité Judicial del Senado: "Debemos reemplazar el viejo sistema de complicidad —leyes demasiado estrictas que no podemos y en muchos casos ni intentamos hacer cumplir— con un convenio nuevo: leyes realistas, cumplidas al pie de la letra".[15]

Ciertamente, reducir la inmigración ilegal al expandir y mejorar los mecanismos para la inmigración legal, por definición, captaría y maximizaría los beneficios económicos y fiscales de la inmigración al tiempo que minimizaría las numerosas consecuencias negativas de la inmigración ilegal. Y si nuestra política inmigratoria fuera liberada de las cadenas de los cupos predeterminados de visas y se le permitiera responder a la demanda económica, esto ayudaría a estabilizar nuestra economía y restaurar el camino hacia una prosperidad futura. Como bien dijo el Banco de la Reserva Federal de Dallas: "Al proveer trabajadores en el momento y lugar en que se necesitan, la inmigración aumenta el límite de velocidad de la economía, al mantener las presiones de salarios y precios a raya".[16]

Cuando miramos hacia atrás a la historia y reflejamos sobre los riesgos y sacrificios que soportaron nuestros antepasados para llegar a los Estados Unidos, ¿cómo podemos imaginarnos que una cerca en la frontera o autoridades más estrictas podrían desalentar a aquellos que desean venir a los Estados Unidos hoy para un mejor futuro para ellos mismos y sus familias? De igual modo, ¿por qué arriesgarían sus vidas los que desean venir a los Estados Unidos haciéndolo ilegalmente si hubieran suficientes medios para la inmigración legal? La mejor manera, y de hecho la única manera segura, para asegurar nuestras fronteras es crear una política inmigratoria justa y previsible, que permita suficientes oportunidades para una inmigración legal. Como dijo Robert Zubrin, el presidente de Pioneer Astronautics: "La nación necesita una cerca, pero también necesita una puerta que funcione bien".[17] Nuestro futuro económico depende de una corriente fiable de inmigrantes jóvenes energéticos y trabajadores —lo que llamamos la clase con aspiraciones— quienes han alimentado el crecimiento y la prosperidad estadounidense durante siglos y que son absolutamente vitales para nuestro futuro.

Es sobre estos pilares gemelos de valorar tanto la inmigración como la ley que se yerguen nuestras propuestas específicas de reforma delineadas anteriormente.

4

UN DEBATE
PERDURABLE

LOS INMIGRANTES SON UNA PARTE poderosa de quienes somos. Para muchos de nosotros, ser estadounidense significa ser el producto de inmigrantes. Todos venimos de una reserva de inmigrantes o hemos estado profundamente influenciados por la inmigración.

Lo más notable sobre la inmigración estadounidense es que los inmigrantes continuamente han enriquecido nuestra cultura al tiempo que, de manera consistente, también han adoptado los valores que los atrajeron. Por lo tanto, a la vez que han afectado cómo se ven los estadounidenses, así como sus tradiciones, su

prosperidad y su forma de vida, han reforzado los ideales estadounidenses básicos.

Sin embargo, los inmigrantes siempre han sido controversiales. Con todo lo que ha cambiado drásticamente en los siglos
desde el establecimiento de nuestra república, una característica
de la política estadounidense ha permanecido obstinadamente
constante: el debate inmigratorio. Hemos tenido el debate desde
nuestros primeros años, y los términos y la naturaleza del debate
casi no han cambiado. Los antepasados de los opositores a la inmigración moderna argumentaban hace 250 años que los recién
llegados contaminarían la cultura estadounidense al negarse a
aprender el idioma y a adoptar nuestras costumbres, que presen-
taban una amenaza a los estadounidenses y a sus valores, que les
quitarían los trabajos a los estadounidenses nativos, y que impon-
drían una carga pública intolerable. Las opiniones públicas con
respecto a la inmigración han tenido altibajos a través del curso de
la historia estadounidense, y a veces los argumentos de los opositores han prevalecido. Los inmigrantes a menudo han sido chivos
expiatorios convenientes para cualquiera de los miedos que han
albergado los estadounidenses en diferentes momentos de nuestra
historia. Pero, en última instancia, siempre hemos resuelto el de-

bate a favor de la inmigración, para el gran y duradero beneficio de nuestra nación.

Aun antes de que los estadounidenses crearan su nueva nación, los críticos de la inmigración hicieron sonar alarmas que resuenan hoy en día. Molesto con los hábitos de votación de los inmigrantes alemanes, Benjamin Franklin se quejó en un panfleto de 1751: "¿Por qué debe Pensilvania, fundada por los ingleses, volverse una colonia de *Foráneos*, quienes pronto serán tan numerosos que nos Germanizarán en vez de que nosotros los Anglifiquemos a ellos, y nunca adoptarán nuestro Idioma o Costumbres, más de lo que pueden adquirir nuestra Tez?".[1] Desde la retrospectiva de la historia, tales puntos de vista parecen absurdos hoy en día. Y sin embargo, se han expresado opiniones similares hacia las olas sucesivas de inmigrantes irlandeses, europeos orientales, italianos, chinos, japoneses y latinoamericanos, entre otros.

La inmigración es uno de los asuntos de política pública más importantes, pero la Constitución lo dejó casi completamente al antojo del proceso democrático. La Constitución le concede poder al Congreso para "establecer una regla uniforme de naturalización", y el Gobierno federal lo ha hecho desde los primeros años, estableciendo un requisito de cinco años de residencia para la ciudadanía, lo cual persiste hasta el día de hoy. Pero la Constitución habla solo de la naturalización y no dice nada sobre la inmigración. Como resultado, durante los primeros cien años de la república, las leyes nacionales de inmigración fueron la excepción en vez de la regla. La excepción notable fueron las Leyes de Extranjería y Sedición (Alien and Sedition Acts), promulgadas en 1798 por los Federalistas, quienes estaban preocupados, entre otras cosas, por la oposición política de los inmigrantes irlandeses y franceses. Las leyes le cedieron al presidente un poder sin límites para deportar a cualquier extranjero "a quien él juzgue peligroso para la paz y seguridad de los Estados Unidos". Las leyes fueron mayormente revocadas después de la elección presidencial de Thomas Jefferson en 1800.[2]

La inmigración fue mayormente liberada durante gran parte del primer siglo de los Estados Unidos. La expansión hacia el oeste de nuestra nación y la necesidad de colonizadores, junto con la hambruna y la tormenta política en Europa, generó números masivos de inmigrantes de Irlanda, Alemania y Europa del este y sur en las décadas a mediados del siglo xix.[3] Más que el Gobierno federal, los estados eran responsables de la mayoría de las leyes inmigratorias. En la década de 1840, por ejemplo, en respuesta a un gran número de recién llegados irlandeses, Massachusetts y Nueva

York promulgaron leyes limitando y cobrando impuestos sobre la inmigración.[4] Las leyes fueron derogadas por la Corte Suprema de los Estados Unidos en 1849 bajo el argumento de que violaban el poder del Gobierno federal para regular el comercio.[5] Pero no fue hasta 1875 que la Corte Suprema decretó que el Gobierno federal tenía la autoridad exclusiva para establecer una política nacional uniforme de inmigración.[6] La Corte razonó que el Gobierno federal no podía mantener una política consistente de comercio exterior si los estados tenían la libertad para adoptar políticas inmigratorias contradictorias.

La afluencia de inmigrantes católicos dio lugar al primer movimiento nacional antiinmigrante, los llamados Know-Nothings (Sabelonadas), que ejercieron una influencia política significativa durante mediados del siglo XIX bajo el American Party.[7] Pero fue un grupo étnico, que en su momento no era como ningún otro, el que desencadenó la primera ley importante de inmigración nacional: los trabajadores chinos que fueron traídos para ayudar a construir la infraestructura del Oeste estadounidense. La finalización de las vías férreas de Union Pacific y Central Pacific en 1869 inundó el mercado laboral de California con diez mil trabajadores chinos, dando lugar a un movimiento inmigratorio antichino.[8] En 1875, el Congreso pasó una ley excluyendo a los inmigrantes "indeseables", que incluía a delincuentes, prostitutas y contratistas chinos (llamados "*coolies*" en inglés). La Ley de Exclusión China (Chinese Exclusion Act) de 1882 prohibió a todos los trabajadores chinos durante diez años, impidió que los inmigrantes chinos se hicieran ciudadanos y estipuló la deportación de los inmigrantes ilegales chinos. La ley fue renovada en 1892 y nuevamente en 1902, esta vez sin fecha de vencimiento, y se mantuvo hasta el término de la Segunda Guerra Mundial.[9]

Las primeras leyes inmigratorias nacionales investieron autoridad en varios puntos de los departamentos de Estado, de Hacienda y de Comercio. También hicieron del inglés un requisito para la naturalización,[10] y prohibieron a los inmigrantes con altas probabilidades de convertirse en una carga pública (la "cláusula LPC"), lo cual se convirtió en un principio central de la política inmigratoria.[11] Tradicionalmente, las organizaciones benéficas privadas —en especial las católicas—, más que el Gobierno, eran las que ayudaban a los inmigrantes con la asimilación y los servicios sociales. También ayudaban a inculcarles a los inmigrantes la cultura y los valores estadounidenses. Muchas organizaciones sin fines de lucro continúan ese trabajo hoy en día, brindando clases de inglés y de ciudadanía y ayudando a los inmigrantes a navegar por los procesos de naturalización.

Una disputa recurrente ha sido que los inmigrantes le quitan trabajo a los estadounidense nativos, y la política inmigratoria consistentemente refleja esa preocupación. Una ley de 1885, aprobada a instancias de grupos sindicales, prohibió a los empleadores reclutar extranjeros en el exterior y pagar por su paso a los Estados Unidos por empleo.[12] Pero las fronteras de los Estados Unidos en gran medida permanecieron abiertas y la primera década del siglo XX fue testigo del nivel más alto de inmigración en relación a la población de la historia de nuestra nación, mucha de ella pasando por la estación de recepción de Ellis Island, la cual abrió en 1892.

Durante las primeras dos décadas del siglo XX, el gran número de inmigrantes del sur y este de Europa, combinado con las preocupaciones del terrorismo que culminaron con el bombardeo de anarquistas en ocho ciudades, puso la opinión estadounidense ampliamente en contra de la inmigración.[13] Como respuesta, el control sobre la inmigración se centralizó aún más dentro del Gobierno federal, y las leyes reflejaron antipatía hacia los inmigrantes. La Ley de Cupos de Emergencia (Emergency Quota Law) de 1921 impuso un cupo inmigratorio de alrededor de 350.000 por año y limitó a los inmigrantes de cada país a un 3% del número de personas viviendo en los Estados Unidos originarios de ese país en 1910, creando así un tratamiento preferencial para los inmigrantes de Europa Occidental. Los números y los cupos se ajustaron en 1924. Los inmigrantes del hemisferio occidental estaban exentos, así como las esposas y los hijos menores solteros de ciudadanos estadounidenses hombres. También durante la década de los veinte, se estableció un sistema de visa consular y un proceso para visitantes temporales, y se creó la policía fronteriza estadounidense.[14]

Uno de los obstáculos principales para la inmigración era la burocracia federal inmigratoria misma, la cual estaba en gran parte controlada, en sus primeros años, por los sindicatos, los cuales fueron virulentamente antiinmigratorios durante gran parte del siglo xx y a menudo siguen siendo un impedimento a la reforma hoy en día. La convención de la Federación Americana del Trabajo (American Federation of Labor) de 1928 resolvió que "el deseo de mano de obra barata ha actuado como un cáncer... destruyendo los ideales estadounidenses e impidiendo el desarrollo de una nación basada en la unidad racial".[15] Como observó el historiador Roger Daniels, el servicio inmigratorio (el cual se convirtió en el Servicio de Inmigración y Naturalización —Immigration and Naturalization Service— en 1933), actuando bajo el mandato del trabajo, "hizo lobby en contra de los intereses de inmigrantes legales, en especial aquellos de color y los que para ellos parecían no encajar en el molde estadounidense".[16]

Los impulsos nativistas de finales del siglo XIX y principios del XX se vieron reflejados en las leyes más allá de la inmigración. Por ejemplo, California pasó varias medidas diseñadas para impedir que los inmigrantes chinos se ganaran la vida. San Francisco pasó una norma prohibiendo lavanderías construidas de madera, aun habiendo sido aprobadas por la guardia forestal. La ley apuntaba hacia los dueños chinos de negocios cuyos establecimientos estaban hechos de madera. Uno de ellos, Yick Wo, desafió la ley y fue multado cien dólares, luego encarcelado cuando no la pagó. En una decisión histórica, la Corte Suprema de los Estados Unidos derogó la norma, declarando que "la sola idea de que un hombre puede estar forzado a someter su vida, o sus medios para vivir o cualquier derecho material esencial para el disfrute de la vida, a la mera voluntad de otro, parece ser intolerable en cualquier país donde prevalece la libertad, siendo la esencia de la misma esclavitud".[17] La postura atrevida de Yick Wo ayudó a proteger la libre empresa para futuras generaciones de estadounidenses.[18]

Poco tiempo después, varios estados, alarmados por la proliferación de escuelas privadas de inmigrantes, pasaron leyes prohibiendo la instrucción en idiomas extranjeros y algunos hasta prohibieron las escuelas privadas de todo tipo.[19] Esas leyes fueron derogadas por la Corte Suprema de los Estados Unidos en un trío de decisiones en la década de los veinte que siguen siendo pilares de nuestra garantía constitucional para la libertad educativa.[20] Pero ciertas reliquias de la era nativista siguen vigentes, como las llamadas enmiendas Blaine —prohibiendo la asignación de fondos públicos para "escuelas sectarias"— que se encuentran en alrededor de dos tercios de las constituciones estatales. A pesar de aparecer como benignas, estaban dirigidas a reprimir las escuelas católicas y hoy en día son empuñadas por los opositores de una reforma educativa para desafiar los programas de elección escolar.

La Depresión puso un fin provisional al debate sobre la inmigración, con más personas yéndose de los Estados Unidos que entrando durante los cinco años entre 1932 y 1937.[21] La Segunda Guerra Mundial fue testigo de variaciones enormes en la política inmigratoria. Por un lado, los Estados Unidos respondieron al ataque de Pearl Harbor ubicando a 120.000 personas de descendencia japonesa —dos tercios de ellos ciudadanos estadounidenses— en campos de reclusión, una de las privaciones más impactantes de las libertades civiles en la historia estadounidense. Por otro lado, la Ley de Exclusión China (Chinese Exclusion Act) fue esencialmente revocada.

Además de los campos de reclusión japoneses, otro episodio de pesadilla durante la guerra fue no dejar entrar a los refugiados judíos. El caso más infame fue el del barco *St. Louis,* que estaba cargado con casi mil refugiados alemanes. El barco llegó suficientemente cerca de la orilla como para que los pasajeros escucharan la música de los centros turísticos de Miami. Pero por los cupos de inmigrantes originarios de una nacionalidad, fueron forzados a navegar de vuelta a Alemania, donde muchos murieron en campos de concentración. A otros alemanes se les negó el estatus de refugiados por miedo de los saboteadores. Al final los Estados Unidos se dieron cuenta de su error y comenzaron a admitir a refugiados alemanes, y en el momento preciso. Entre ellos se encontraba Albert Einstein, quien convenció al presidente Franklin Roosevelt de emprender el Manhattan Project, que dependía enormemente de científicos alemanes para producir las armas atómicas que alteraron el curso de la guerra.[22]

Después de la Segunda Guerra Mundial, proporcionar asilo político y refugio se volvió una característica importante de la política inmigratoria estadounidense, y continúa siendo así hoy en día. En 1948, los Estados Unidos abrió sus puertas a cientos de miles de personas expatriadas por la Cortina de Hierro.[23] Desde entonces, millones de refugiados han venido de Cuba, Vietnam,

Oriente Medio y otras partes, huyendo de la persecución y la privación.

La Segunda Guerra Mundial también renovó la lucha con respecto al tema del trabajo inmigrante. A principios de la guerra, los Estados Unidos enfrentó una falta de mano de obra que se llenó en gran parte a través del programa bracero, que trajo cinco millones de trabajadores agrícolas mexicanos. El programa era engorroso y costoso, los trabajadores fueron maltratados, y a muchos de ellos les fueron estafados sus salarios los cuales se habían puesto a un lado para supuestamente ser pagados después del regreso de los trabajadores a México. Esas fallas alentaron una extensa inmigración ilegal, que a su vez llevó a que el Gobierno federal lanzara "Operation Wetback" en 1954, a través de la cual al menos un millón de mexicanos y otros de ascendencia mexicana fueron deportados. El programa bracero se terminó en 1964.[24]

Las experiencias de la Segunda Guerra Mundial dieron pie a una reforma migratoria de amplio alcance. El Congreso promulgó sobre el veto del presidente Harry S. Truman, la extensa Ley de Inmigración y Nacionalidad (Immigration and Nationality Act) de 1952, también conocida como la ley McCarran-Walter, que abolió las clasificaciones raciales pero retuvo el sistema de cupos de nacionalidad y origen que continuaba favoreciendo el número en declive de inmigrantes de Europa Occidental. Reflejando el susto comunista, permitía la deportación de inmigrantes involucrados en actividades subversivas y la exclusión de aquellos sospechosos de dichas actividades. La ley también estableció una preferencia por inmigrantes capacitados.[25] Aunque la ley hizo algunos cambios positivos a la política inmigratoria estadounidense, reflejó una preferencia en contra de ciertos tipos de inmigrantes. Uno de los copatrocinadores, el senador Pat McCarran, se asemejaba mucho a los críticos contemporáneos de la inmigración cuando declaraba: "Hoy, como nunca antes, millones incalculables están atacando nuestras puertas para entrar y esas puertas se están resquebrajando bajo la presión".[26] Aunque se ha actualizado de varias maneras desde que fue adoptada, la ley de 1952 hoy en día sigue siendo la base de la política inmigratoria estadounidense más de sesenta años después.

Luego de la ley de 1952, la admisión de refugiados continuó siendo una característica importante de la inmigración estadounidense —quizá más notablemente con la emigración masiva de los cubanos a los Estados Unidos que le siguió a la toma del poder comunista. Desde 1960, más de 800.000 cubanos han entrado a los Estados Unidos, muchos de ellos arriesgando sus vidas y dejando atrás a sus parientes y posesiones.

Como muchos refugiados, los cubanos a menudo eran de clase media en su país de origen pero llegaban sin un centavo a los Estados Unidos. Entre ellos se encontraba Carlos Arboleya, quien era el principal auditor del banco más grande de Cuba pero que solo tenía cuarenta dólares cuando entró a los Estados Unidos. Pasado por alto para trabajos por razones que iban desde la discriminación hasta ser percibido como demasiado cualificado, Arboleya aceptó un trabajo como empleado de inventarios en una fábrica de zapatos y en un año se convirtió en director y vicepresidente de la compañía. Tras regresar a la banca, llegó a ser presidente de Fidelity National Bank.[27] Los cubanos como Arboleya ayudaron a crear el boom financiero en Miami. Su historia es emblemática de muchos inmigrantes de países de todo el mundo quienes abandonaron la riqueza y el privilegio para literalmente comenzar de nuevo de cero en los Estados Unidos, rearmando sus propias vidas mientras perseguían el sueño americano, y enriqueciendo vigorosamente nuestra nación al hacerlo.

El Congreso actualizó algunos de los fallos de la ley de 1952 más de una década más tarde. La Ley de Inmigración (Immigration Act) de 1965 abolió el sistema de cupos de orígenes nacionales pero estableció restricciones numéricas por país y límites en el número total de inmigrantes del hemisferio este y, por primera vez, del hemisferio oeste. (Los dos topes posteriormente fueron reemplazados por un solo tope total). También estableció el sistema de preferencia familiar que sigue vigente hoy en día.[28] Como comentó el profesor de historia de la Universidad de Massachusetts, Vincent J. Canato, después de la ley de 1965, "el objetivo de la política inmigratoria estadounidense ya no sería económica —alineando las necesidades de la economía estadounidense con las personas que podían satisfacerlas— sino, en general, fomentar la unificación familiar" bajo una definición muy amplia de lo que es la familia.[29] El sistema de preferencia familiar produjo una cantidad masiva de inmigración en cadena mientras reprimía la inmigración laboral, prácticas que siguen vigentes casi medio siglo más tarde.[30]

Los límites numéricos de la inmigración combinados con las preferencias familiares y la eliminación de la mayoría de los programas de trabajadores invitados llevó a crecientes niveles de inmigración ilegal,[31] que el Congreso intentó abordar en la Ley de Reforma y Control Inmigratorio (Immigration Reform and Control Act, IRCA) de 1986. Esta ley le otorgó una amnistía a tres millones de inmigrantes ilegales, a cambio de mayor seguridad fronteriza y multas a las compañías que "a sabiendas" contratan a inmigrantes ilegales. Sin embargo, aparte de crear la visa H-2A para el empleo estacional, la IRCA no logró crear nuevas o mayores vías para la inmigración legal.[32] La combinación de amnistía y vías insuficientes para la inmigración legal exacerbó el problema de la inmigración ilegal.

Cuatro años más tarde, la Ley de Inmigración (Immigration Act) de 1990 aumentó el límite numérico de la inmigración. Pero, una vez más, la gran mayoría de los puestos fueron reservados para la inmigración familiar, con solo 140.000 posiciones para inmigrantes laborales y 55.000 para la lotería de diversidad.[33] En gran parte, ese es el sistema que tenemos hoy en día: alienta la inmigración en cadena mientras ahoga la inmigración laboral que es esencial para el crecimiento económico.

En 1996, el Congreso pasó múltiples leyes inmigratorias. Estableció mecanismos para excluir o deportar a delincuentes y aumentar la seguridad fronteriza; hizo que la mayoría de los residentes legales permanentes fueran inelegibles por cinco años para los beneficios a base de evaluación financiera y por diez años para Medicare y el Seguro Social después de recibir sus tarjetas verdes; y creó mecanismos para detener y deportar a individuos que no eran ciudadanos estadounidenses y que estaban sospechados de ser terroristas.[34] Sin embargo, el aumento en el control de la frontera causó que muchos inmigrantes ilegales mexicanos permanecieran en los Estados Unidos en vez de cruzar la frontera una y otra vez como lo habían hecho anteriormente.[35]

A comienzos de la administración de George W. Bush se estableció un cuerpo especial de alto nivel para negociar una reforma migratoria integral y bilateral con el presidente mexicano Vicente Fox. Esas negociaciones llegaron a un trágico fin por los ataques terroristas del 11 de septiembre, que alteraron drásticamente la política inmigratoria estadounidense.[36]

Antes del 11 de septiembre, las puertas de los Estados Unidos estaban totalmente abiertas para los visitantes. La nación se benefició enormemente del comercio y las relaciones internacionales, pero había millones de extranjeros en el país de los que el Gobierno no sabía casi nada.[37] Como algunos de los terroristas del 11 de septiembre habían entrado a los Estados Unidos a través de canales legales, se implementaron nuevas medidas para detener la amenaza terrorista. En 2002 se implementó un sistema especial de inscripción, el Sistema de Registro de Entrada-Salida de la Seguridad Nacional (National Security Entry-Exit Registration System, NSEERS), que señalaba a musulmanes, árabes y asiáticos del sur nacidos en el extranjero. El Congreso estableció nuevos procedimientos para revisar las solicitudes de visas y requirió que los visitantes extranjeros llevaran consigo documentos de identificación legibles con máquinas y que no pudieran ser adulterados, entre los que se incluían los identificadores biométricos. En 2005, el Congreso le exigió a los estados que exigieran pruebas de estatus migratorio legal para las licencias de conducir y que produjeran licencias que no se pudieran alterar.

Mientras que las preocupaciones terroristas dictaban las políticas de entrada, las preocupaciones sobre la inmigración ilegal también contribuyeron al mayor ajuste de las fronteras. Además de aumentar drásticamente los recursos de la policía fronteriza, en 2006 el Congreso votó a favor de construir 850 millas de cerca adicionales a lo largo de la frontera entres los Estados Unidos y México.[38] Adicionalmente, varios estados promulgaron políticas dirigidas a reducir la inmigración ilegal.

Aunque fueron promulgadas por razones loables, los nuevos límites a las entradas produjeron consecuencias dolorosas. Miles de visitantes extranjeros, muchos de ellos sin ser culpables de ningún delito, fueron detenidos por largos períodos de tiempo. El número de visas emitidas, de estudiantes extranjeros estudiando en los Estados Unidos y de visitantes extranjeros se desplomó, y los retrasos para procesar visas y tarjetas verdes crecieron enormemente. Las encuestas identifican a los Estados Unidos como el país más inhospitalario del mundo para los visitantes extranjeros. Los efectos de las nuevas políticas fueron ejemplificados por Ejaz Haider, profesor invitado en el Brookings Institution y una voz para la moderación musulmana, quien fue detenido durante cinco horas por no haberse reinscripto bajo NSEERS. "Quizá por primera vez en la historia estadounidense", observó Haider, "estamos siendo testigos del espectáculo de familias emigrando de los Estados Unidos en busca de seguridad".[39]

Afortunadamente, durante la segunda mitad de la década, los funcionarios federales se movilizaron para equilibrar los intereses de la seguridad y la inmigración. De acuerdo a lo mencionado anteriormente, el programa US-VISIT creó un sistema de selección que depende de la biométrica y las bases de datos internacionales para permitir mayor acceso al tiempo que se protegen los intereses de seguridad.[40]

La respuesta al 11 de septiembre desvió momentáneamente la atención de la necesidad de reformar fundamentalmente la política inmigratoria de los Estados Unidos. Pero en 2005, los senadores John McCain y Ted Kennedy propusieron un programa de trabajadores invitados y una vía a la ciudadanía para muchos inmigrantes ilegales. Ambos lados torpedearon los esfuerzos. La oposición a la ley proveniente de la derecha se basaba principalmente en las demandas para asegurar la frontera.

En respuesta a esas preocupaciones, los recursos de la seguridad fronteriza —incluyendo el personal, la cerca y la vigilancia de alta tecnología— fueron incrementados considerablemente. Las deportaciones de inmigrantes ilegales aumentaron considerablemente, a casi 250.000 por año.

En 2007 se hizo otro esfuerzo por una reforma migratoria bipartidista, liderada por los senadores Jon Kyl y Kennedy. El proyecto de ley hubiera introducido un sistema de puntos similar a aquellos usados por otros países para identificar y favorecer inmigrantes de gran valor, aumentado significativamente el número de tarjetas verdes laborales, reduciendo las preferencias familiares y estableciendo un programa de trabajadores invitados.[41] Ese esfuerzo también falló: algunos liberales se opusieron con el argumento de proteger a los trabajadores estadounidenses, mientras que algunos opositores conservadores lo denunciaron con el argumento de amnistía y seguridad fronteriza.[42] Irónicamente, los republicanos que se opusieron al proyecto de ley socavaron la mejor oportunidad hasta el día de hoy para parar la inmigración en cadena, la cual aumenta los costos de la asistencia social aun mientras subordina la inmigración laboral que traería enormes beneficios económicos a la nación.

Después de la derrota del proyecto de ley de 2007, no se

LAS GUERRAS INMIGRATORIAS

hicieron más esfuerzos significativos por promulgar una reforma migratoria integral. Al igual que en tiempos pasados, grandes números de inmigrantes, muchos de los cuales entraron al país ilegalmente, dieron lugar a un fervor antiinmigrante. Pero en vez de proponer maneras para arreglar el sistema, los críticos se enfocaron primordialmente en cercar nuestras fronteras. Pocos funcionarios electos, incluyendo el presidente Obama, pudieron convocar la valentía política para liderar aun cuando nuestro sistema inmigratorio disfuncional exacerbaba los problemas económicos de nuestra nación.

Sin embargo, después de la elección presidencial de 2012, ambos lados mostraron un interés renovado en abordar la política inmigratoria. Los demócratas le deben la elección, en gran medida, a los votantes hispanos, quienes pusieron a un lado sus dudas anteriores sobre el fracaso de la administración de Obama en abordar la reforma migratoria y votaron abrumadoramente por la reelección del presidente. Los republicanos cada vez reconocen más que no pueden ganar futuras elecciones nacionales sin un aumento en el apoyo hispano. Ambos lados parecen estar motivados para resolver el tema. Si buscarán una ventaja política o una acción bipartidista genuina para el bien de la nación queda por verse.

La reforma migratoria fundamental se ha hecho esperar demasiado. Una característica constante de la política inmigratoria estadounidense es que se cambia repetidas veces sin arreglarse. Solo entre 1986 y 1998 se promulgaron veintiún leyes federales significativas que afectaron la inmigración.[43] Como observó Edward Alden, la Ley de Inmigración y Naturalización (Immigration and Naturalization Act) "ha sido enmendada y retocada por el Congreso tantas veces que es un embrollo incoherente de mandatos contradictorios".[44] Por eso apoyamos tan fuertemente una reforma migratoria fundamental diseñada y adecuada a las necesidades de los Estados Unidos del siglo XXI.

Esas necesidades están cambiando tan drásticamente como nuestra nación. Aun si no hiciéramos nada para alterar nuestra política inmigratoria, la inmigración seguiría impactando a los Estados Unidos. En 2011, los Estados Unidos llegó a su momento crítico: por primera vez, menos de la mitad de todos los niños nacidos fueron blancos no hispanos.[45] Los inmigrantes mismos están cambiando: desde 2010, los asiáticos desplazaron a los hispanos como el grupo de inmigrantes más grande de los Estados Unidos.[46] En su totalidad, hay alrededor de 39 millones de residentes estadounidenses que nacieron en países extranjeros,[47] o más o menos 12,5% de la población nacional. Esos números no deberían causarle miedo a nadie; de hecho, la proporción de estadounidenses nacidos en países extranjeros como porcentaje de la población no es muy diferente al de otros tiempos, como lo ilustra el gráfico siguiente:

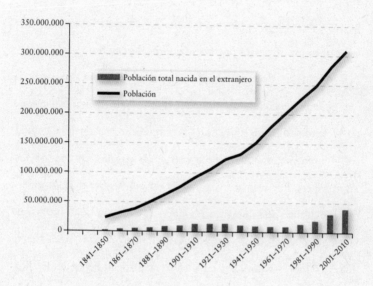

Lo que claramente sí quieren decir las estadísticas demográficas es que los estadounidenses serán cada vez más multirraciales. Los opositores a la reforma usan los mismos argumentos gastados que sus antecesores usaron durante dos siglos y medio: que los recién llegados no se asimilarán; no aprenderán inglés; son desproporcionadamente delincuentes, dependientes de la asistencia social y subversivos de los valores estadounidenses. La historia ha probado reiteradamente que esas objeciones están fuera de lugar. ¿Dónde estaríamos si hubiéramos permitido que esos argumentos prevalecieran en el siglo XIX o en cualquier momento a partir de entonces? Ciertamente, no seríamos la nación más poderosa, próspera y generosa de la tierra. Ni tampoco continuaremos siéndolo si permitimos que estos argumentos prevalezcan hoy.

Aunque las guerras inmigratorias de hoy en día son espeluznantemente evocativas de aquellas que se han desatado a través de la historia estadounidense, las circunstancias de hoy en día son diferentes a las que hemos visto en el pasado, en dos formas importantes. Por primera vez, nuestra nación enfrenta una población en declive que quizá no podamos revertir sin la inmigración. Segundo, y relacionado al primer punto, la proporción decreciente de trabajadores y aquellos cuya asistencia social depende de ellos está achicándose de manera alarmante. Como consecuencia, nunca ha sido más importante para el futuro de los Estados Unidos lograr corregir nuestra política inmigratoria.

De hecho, seguir con la política inmigratoria equivocada amenaza con agregar cargas a nuestra economía en vez de dispersarlas. Tradicionalmente, la política inmigratoria estadounidense estaba dirigida hacia la llegada de los inmigrantes más brillantes y trabajadores. Hoy en día, las visas de trabajo constituyen solo una pequeña fracción de recién llegados estadounidenses. Mientras tanto, otros países están remodelando sus políticas inmigratorias y dando la bienvenida para duplicar el éxito estadounidense pasado. Es la política inmigratoria de los Estados Unidos la que hoy en día no logra reflejar sus propios valores e historia.

El futuro de nuestra nación depende en gran medida de arreglar nuestra política inmigratoria averiada. Debemos corregir los errores del pasado pero no debemos hacerle caso a los llamados de los críticos de la inmigración para descartar lo bueno con lo malo. Debemos asegurar que los inmigrantes que vienen lo hagan por las razones correctas —y una vez que estén aquí, que se asimilen a la cultura estadounidense y presten atención a los valores estadounidenses. Pero también debemos reconocer que, a través de nuestra historia, los inmigrantes ciertamente se han asimilado y han fortalecido nuestra nación de todas las maneras posibles. Ese es el tipo de inmigración que necesitamos en el tercer siglo de los Estados Unidos.

Nuestra nación fue forjada por la experiencia inmigrante, y una política inmigratoria estadounidense que aborde las necesidades únicas del siglo XXI debe basarse en esa fundación y acoger a los recién llegados que ayudarán a que nuestra nación continúe prosperando y liderando el mundo. Al dejar a un lado la división partidista, acoger los valores de nuestra nación y sus raíces inmigrantes y aprender las lecciones de nuestra propia historia, podemos restaurar la grandeza estadounidense y encaminar un futuro de libertad y prosperidad.

5

LA DIMENSIÓN
HUMANA

"Es HORA DE RETIRAR AL sueño americano".

Eso fue lo que escribió el comentarista Robert J. Samuelson en septiembre de 2012 en la columna del *Washington Post* titulada "The American Dream's Empty Promise"[1] (La promesa vacía del sueño americano). El término se ha vuelto tan falto de significado y tan ilusorio, arguyó Samuelson, que "debemos quitarlo de nuestra conversación nacional. Es un eslogan que no debería sobrevivir —pero perdurará precisamente porque es un ejercicio de fantasía".

Qué comentario más aleccionador en cuanto al estado de nuestra nación. Y definitivamente en cuanto a la oportunidad económica, de la próxima generación llegando aún más lejos que la de sus padres, puede reflejar la realidad, a menos y hasta que la cambiemos.

Pero los inmigrantes son un grupo de personas para quienes el sueño americano permanece vivo y tangible. Millones de personas siguen anhelando la ciudadanía estadounidense, y hacen sacrificios tremendos y toman riesgos enormes para adquirirla, para ganarse una parte del sueño americano. Para ellos no es un eslogan; es el propósito. Y como aprecian la oportunidad de convertirse en estadounidenses, los inmigrantes siempre serán necesarios para mantener vivo el sueño americano.

Quizá más que cualquier otro tema de política pública, la posición que uno tiene en cuanto a la inmigración a menudo depende de los encuentros de uno con inmigrantes. Y, de hecho, ninguna política pública afecta a más cantidad de vidas que la inmigración —no solo para aquellos que vienen aquí, sino aquellos que los reciben y aquellos que quedan atrás. Al formular la política inmigratoria estadounidense, dados los valores de nuestra nación, primero y principal debemos tener presente la dimensión humana.

En un discurso en junio de 2012 al National Association of Latino Elected and Appointed Officials, el senador Marco Rubio muy elocuentemente expresó su opinión:

Las personas que están en contra de la inmigración ilegal y hacen de esto el punto central de su argumento, solo lo ven como un asunto de ley y orden. Pero nosotros sabemos que es mucho más que eso. Sí, es un asunto de ley y orden, pero también es un asunto humano. Estas son personas reales. Estos son seres humanos que tienen hijos, y esperanzas y sueños. Estas son personas que están haciendo lo que virtualmente haría cualquiera de nosotros si nuestros hijos tuvieran hambre, si sus países fueran peligrosos, si no tuvieran esperanza alguna para su futuro. Y con demasiada frecuencia se pierde esta perspectiva en nuestra conversación sobre la inmigración. ¿Quién entre nosotros no haría lo que sea para darles de comer a nuestros hijos y brindarles un futuro mejor?[2]

Aunque se pueden hacer muchas generalizaciones sobre los inmigrantes, no hay una historia inmigrante típica. Entre los millones de inmigrantes hay igual cantidad de historias individuales. Y esas historias impactan a otros millones.

Aquí siguen siete historias cortas sobre inmigrantes y las vidas que han sido afectadas por ellos que ejemplifican el impacto que tienen los inmigrantes en los Estados Unidos hoy en día.

LA REFORMISTA EDUCACIONAL

Nina Shokraii Rees nació en 1968 en Teherán, Irán.[3] Su padre era el director del departamento de Biología de la Universidad de Teherán, y su madre trabajaba para Iran Airlines. Llevaban una vida tranquila hasta que el shah fue derrocado en 1979 y reemplazado por el actual régimen teocrático. La familia Shokraii tenía la esperanza de que el cambio de régimen fuera provisional, aun cuando algunos de los colegas de su padre fueron asesinados o desaparecieron.

La escuela francesa internacional de Nina se cerró. En su lugar, fue a una escuela pública del vecindario donde las niñas eran separadas de los niños y todas las materias estaban conectadas al Islam. La vida cambió para todos, en especial para las niñas y las mujeres, quienes ahora debían cubrirse. El régimen "desalentaba cualquier tipo de manifestación de personalidad o belleza", recuerda Nina.

Todos los viernes, Nina se iba a esquiar. El único momento en que las niñas podían relacionarse con los niños era durante ese viaje en el autobús. Una vez en las pistas de esquí, los sexos nuevamente se segregaban, y las niñas debían estar totalmente cubiertas al esquiar. Nina había oído de muchas mujeres y niñas que habían sido detenidas por no estar lo suficientemente cubiertas, pero no pensó que le pasaría a ella. Una vez, esquió por una pista y su chaqueta no le cubrió las rodillas. Una Nina de doce años de edad y varias otras fueron detenidas.

La experiencia fue horrorosa. Los padres de Nina no sabían que estaba en la cárcel. Ni siquiera la dejaron llamarlos. No tenía idea de dónde estaba y nadie le avisó qué iba a pasar. Después de tres días, interrogaron a Nina y la dejaron ir. "Eso fue lo que provocó la partida" de su familia de Irán, dice ella.

La familia primero se mudó a Francia. Pero con el tiempo, a su padre, quien había estudiado en la Universidad de Florida y la Universidad de Carolina del Norte como becario del Programa Fulbright, le ofrecieron una posición en Virginia Tech. Pero debía comenzar de cero en una posición como profesor principiante del departamento de Biología.

Para Nina, la transición fue difícil. Y aunque Blacksburg, Virginia, era un pueblo universitario, también era extremadamente rural. Ella era solo una de dos estudiantes extranjeros en su secundaria —"todos los demás", dice Nina, "eran nacidos en los Estados Unidos y muchos nunca habían salido del suroeste de Virginia". Y muchos sentían rechazo por la niña iraní que se encontraba entre ellos en plena crisis de rehenes. Un estudiante destrozó su casillero escolar con ácido.

Terminó la secundaria lo más pronto posible, y a pesar de no manejar completamente el inglés, fue aceptada en Virginia Tech, mayormente porque pasó con diez el examen de francés de nivel avanzado. "Me atrapó la libertad universitaria y el amor por aprender", recuerda Nina. "Pero aproveché la oportunidad para asimilarme más que aprender".

Después de la universidad, "no sabía qué quería hacer más que mudarme de Blacksburg", dice Nina. Se mudó con una amiga a Washington, D.C., donde trabajó en los suburbios en Neiman-Marcus. Ahí un cliente la instó a que buscara trabajo en el Capitolio. Desde que se mudó a los Estados Unidos se había interesado mucho en la ciencia política y la educación cívica ya que "el sistema aquí es tanto más racional que el de Irán". Puso su currículum en todos los buzones congresales y consiguió un trabajo como voluntaria haciendo una pasantía dos veces por semana para el senador John Warner de Virginia. Luego la contrataron como asistente del personal para el representante Porter Goss de Florida. Mientras tanto, obtuvo su maestría en la Universidad George Mason. Allí desarrolló lo que ella describe como puntos de vista conservadores. La vida en Irán le había enseñado que las "personas deben poder tomar sus propias decisiones, y que el gobierno no debe ser tan centralizado".

Nina aceptó un puesto en Americans for Tax Reform, donde descubrió su pasión por la política educacional mientras trabajaba en una iniciativa infructuosa para becas escolares en California. Conoció a importantes reformistas educacionales como la legisladora de Arizona, Lisa Graham Keegan, y el alcalde de Jersey City, Nueva Jersey, Bret Schundler. "Había algo de ese tema que realmente resonó en mí", explica Nina. "Es tan simple. Si tienes cuatro años y no tienes acceso a una buena escuela, se te acabó la suerte".

Después de trabajar en el tema de elección escolar en el Institute for Justice, Nina fue contratada por el Secretario de Educación Rod Paige en 2002 para ayudar a liderar una nueva oficina para la innovación y la mejora educacional. Después de su partida en 2006, se convirtió en la vicepresidente sénior de Knowledge Universe, una compañía con fines de lucro enfocada en la educación infantil y el aprendizaje en línea. En 2012, fue contratada como presidente y CEO de National Alliance for Public Charter Schools. Su meta es "asegurarme de que todo niño tenga acceso a una educación de buena calidad sin importar dónde vive o sus circunstancias económicas".

Nina dice que sus experiencias en Irán están "totalmente relacionadas con cómo encaro mi trabajo y mi vida". Se identifica con los niños que enfrentan retos educacionales, sabiendo que muchos no pueden aprovechar oportunidades. Está decidida a darle a los niños más opciones y a liberar el sistema educativo para permitir más innovación. "Hablamos de estas cosas en cuanto a ideas y políticas," dice Nina, "pero a través de la elección escolar puedes hacer una diferencia inmediata en la vida de un niño".

Nina solicitó la ciudadanía a los veintiún años de edad, y el proceso pareció tardar una eternidad. "Cada vez que iba a la oficina inmigratoria sentía que estaba en un país del tercer mundo, como si estuviera de vuelta en Irán". El sistema era burocrático, impersonal e ineficiente. Lamenta que muchos de los que intentan navegar por el sistema no cuenten con los recursos que tuvo ella.

Pero se enfurece con la noción de que se debe retirar al sueño americano. "Cada día me despierto creyendo" en el sueño, declara. Si hubiese permanecido en Irán o hasta en Francia, Nina está segura de que nunca hubiera tenido las oportunidades que tuvo aquí. "Si tienes el empuje y el deseo para lograrlo, no hay nada que te pueda detener".

"¡Es por eso que necesitan más inmigrantes!" exclama Nina. "Ellos son los que creen en el sueño americano. Muchos estadounidenses lo subestiman".

Nina Shokraii Rees nunca lo subestimará. Y con su pasión

y determinación, hará de su nación adoptiva un lugar donde los sueños de muchos más niños se harán realidad a través de oportunidades educacionales ampliadas.

LA ESTADOUNIDENSE REBELDE

Si lo único que supieras es su nombre —Laura Osio Khosrowshahi— podrías asumir que su larga lucha para obtener la ciudadanía estadounidense debe tener algo que ver con orígenes del Oriente Medio. Y de hecho hay una gran cantidad de historias como esa. Pero en realidad, la historia de Laura es mucho más extraordinaria y trata de una joven cuya familia ha vivido en los Estados Unidos desde que existe como nación —y cuya lucha es recuperar sus raíces estadounidenses. Es una historia clásica pero perversa de un sistema inmigratorio estadounidense realmente disfuncional.[4]

La familia Osio se estableció en México cuando todavía era Nueva España. Algunos de los parientes emigraron a California a finales de la década de 1700 y vivían ahí cuando fue adquirido por los Estados Unidos. Los Osio viajaban libremente entre California y México, y la familia era realmente binacional.

El padre de Laura era un ciudadano de los Estados Unidos,

nacido en Denver. Para ese entonces, la familia estaba dividida físicamente por las leyes de inmigración. La abuela paterna de Laura quería criar a su familia en un país católico, por eso se mudaron a México cuando el padre de Laura tenía siete años de edad. Como la ley estadounidense no permitía doble ciudadanía, él renunció a la ciudadanía estadounidense al cumplir los dieciocho años de edad, pero luego la reclamó cuando la ley cambió para permitirla. Al igual que sus antepasados, el padre de Laura tenía raíces tanto en México como en los Estados Unidos. Era dueño de una casa en Los Ángeles y, como recuerda Laura, "nunca dejaba de decir que había nacido en Denver". La madre de Laura era ciudadana mexicana.

Laura nació en México, pero pasó cada Pascua, Navidad y verano en los Estados Unidos desde que cumplió los tres meses de edad. Fue bilingüe desde el principio. Desde que tiene uso de memoria, Laura estaba "obsesionada con la Constitución", y el tipo de gobierno libre que establecía. "Trataba al individuo con tanta dignidad y respeto. Le permitía al individuo lograr todo su potencial. Decía tanto en tan pocas palabras", explica Laura. "Como mexicana, siempre estuve consciente del hecho de que si era detenida, se me presumiría culpable hasta ser probada mi inocencia. Con la Constitución de los Estados Unidos, era totalmente lo opuesto".

Laura se mudó a los Estados Unidos para ir a la universidad, y se graduó de la Universidad de Miami en 2000. Hizo trabajo de posgrado en el London School of Economics, luego se mudó a California para trabajar en la compañía de su tía. Para ese entonces, sus padres se habían mudado a Arizona, y Laura se mudó ahí también. A su padre le diagnosticaron un cáncer y murió en 2005. Le pidió a Laura que se quedara en Arizona con su madre. Durante ese tiempo, ella siguió explorando su pasión por la Constitución a través de pasantías con la American Civil Liberties Union, la Alliance for School Choice y el Goldwater Institute.

Pero intercedieron temas inmigratorios. Laura no era automáticamente elegible para la ciudadanía dada la ciudadanía de su padre. Sin embargo, sí era elegible para una preferencia familiar —pero esa preferencia murió con su padre. Más de media década después, Laura dice que la experiencia "sigue siendo increíblemente injusta para mí. Le pregunté a mi madre, ¿creen que ya no es mi padre porque está muerto?".

A Laura le empezó a preocupar que se venciera su visa. Intentó obtener una visa H-1B para trabajar en una firma de comunicación pero el cupo se había agotado. En vez, consiguió una visa de estudiante para cursar una maestría, primero en la Universidad Estatal de Arizona y luego en la Universidad George Washington.

A partir de ahí aceptó una posición en el Cato Institute, el cual le tramitó una visa H-1B. Desde 2009 ha trabajado como especialista sénior en comunicación con la International Foundation for Electoral Systems.

Irónicamente, Laura al final logró encontrar la vía a la ciudadanía a través del hijo de un inmigrante, al casarse con Cameron Khosrowshahi en 2010. La madre de Cameron nació en el Bronx y su padre emigró de Irán y se convirtió en ciudadano estadounidense. Laura ahora tiene una tarjeta verde y llegado el momento podrá solicitar la ciudadanía estadounidense.

"El proceso puede ser tan engorroso y frustrante", dice Laura, sutilmente. "No veo la hora de obtener mi ciudadanía. Ya estoy escribiendo mi discurso sobre la Constitución de los Estados Unidos. Le diré a mis compañeros inmigrantes que tienen suerte de estar aquí".

Aún más que eso, explica Laura, "quiero que mis hijos sean estadounidenses. Quiero que tengan la perspectiva de los estadounidenses", de una gente que no siente que se le debe algo. "Es diferente de México y Europa en que todas las personas son tratadas como iguales". En los Estados Unidos no hay clases sociales, y cualquiera puede avanzar con su trabajo duro y su talento. "Es un país que abre puertas", declara Laura enfáticamente.

Es una lástima que alguien como Laura Osio Khosrowshahi haya tenido que abrir esas puertas a la fuerza. Nuestras políticas inmigratorias deberían facilitar la posibilidad de que inmigrantes altamente capacitados y trabajadores se conviertan en ciudadanos estadounidenses. El talento, el trabajo y la pasión de Laura por los ideales estadounidenses harán de ella una ciudadana valorada. No son sus raíces estadounidenses ni el estatus de su ciudadanía sino su actitud estadounidense la que le da ese valor. Tenemos suerte de que Laura y otros como ella sigan decididos a unirse a la familia estadounidense, a pesar de los obstáculos frustrantes colocados en sus caminos.

LOS JÓVENES DREAM

Cuando el presidente Obama promulgó su política de acción diferida, cientos de miles de jóvenes que fueron traídos ilegalmente a los Estados Unidos se volvieron elegibles para permanecer legalmente. Por primera vez, aquellos jóvenes pudieron dar un tenue paso hacia el único estatus que muchos de ellos alguna vez conocieron: estadounidenses.

Para Dulce Vazquez, de veintiún años de edad, y su hermana Bibiana, de diecinueve, quienes fueron reseñadas por el *Arizona*

Republic, la política fue un sueño hecho realidad. Al instante comenzaron a preparar el papeleo y la documentación necesarios para permanecer legalmente en el país y obtener permisos de trabajo.[5]

Las chicas fueron traídas a los Estados Unidos desde México por sus padres cuando tenían uno y tres años de edad. Su padre había perdido su trabajo en México y encontró trabajo en los Estados Unidos. Cruzaba la frontera con regularidad para reunirse con su familia y luego regresar a trabajar a los Estados Unidos, pero con el tiempo, los cruces se hicieron más difíciles. Él y su esposa decidieron que su única alternativa era mudar a toda la familia a los Estados Unidos.

Aunque Dulce sabía poco inglés al comenzar el jardín de infantes, ambas niñas al final sobresalieron en la escuela. Bibiana se graduó dentro del 1% de los mejores estudiantes de su clase. Dulce estuvo en el gobierno estudiantil y en el National Honor Society, y una presentación de *marketing* le brindó reconocimiento en una competencia a nivel estatal por la organización Future Business Leaders of America.

Ambas chicas se anotaron en una universidad local, pero por su estatus indocumentado no cumplen con los requisitos para recibir la tarifa reducida de la matrícula para residentes del estado. El costo las obliga a tener que elegir sus clases con cuidado. "No tienes el lujo ni la libertad de 'ah, está bien, voy a dejar esa clase' ", dice Bibiana. "Porque cada centavo cuenta cuando el dinero viene de tu propio bolsillo". Irónicamente, el hermano menor de las chicas sí cumplirá con los requisitos para una tarifa reducida porque él sí nació en los Estados Unidos.

Aunque las chicas no pueden votar por no ser ciudadanas, se volvieron políticamente activas, asistiendo a congregaciones para la ley DREAM y registrando a votantes. Finalmente sus esperanzas se concretaron cuando el presidente Obama anunció su política de acción diferida. Aunque la política no concede un estatus legal permanente, les permitirá a Dulce y a Bibiana obtener permisos de trabajo, lo cual desean con ansias. "Se les abrió una puerta", dice su madre, "así que ahora pueden ir en busca de sus sueños y salir de las sombras".

Desde luego, Dulce y Bibiana no están solas en cuanto a sus esperanzas. El 15 de agosto de 2012, el primer día en que estuvieron disponibles las solicitudes, miles de jóvenes que nacieron fuera de los Estados Unidos comenzaron a solicitar el estatus de acción diferida y la posibilidad de trabajar legalmente. En Chicago, Nayeli Manzano de dieciséis años de edad, planeaba salir con sus padres a eso de las 4:30 de la mañana para ser una de las primeras en la fila para presentar su solicitud en el Navy Pier.[6] Pero un amigo la llamó a la medianoche para avisarle que ya estaba llegando una gran multitud. Entonces Nayeli se fue de inmediato. "Esta es mi oportunidad, no la voy a dejar pasar", declaró. Al mes siguiente, Benita Veliz, otra joven DREAM quien había sido traída de México a San Antonio, Texas, a los ocho años de edad, se convirtió en la primera inmigrante indocumentada en hablar en la Convención Nacional Demócrata.[7] "Casi lo sentí como una redención por todos los años y momentos en que quise dar mi sueño por perdido", dijo la graduada de la secundaria con las mejores calificaciones al hablar sobre el evento. "Esta noche solo fue un recordatorio de que en los Estados Unidos nuestros sueños realmente se hacen realidad".

Aunque el futuro de los jóvenes DREAM bajo la política de acción diferida no es nada seguro, Dulce y Bibiana Vazquez esperan que sea un paso hacia la permanencia y la estabilidad. "Vamos a mirar atrás recordando este momento y pensar, 'Hombre, pasamos por mucho e igual lo logramos' ", dice Bibiana. "Le contaré a mis hijos sobre esto y les diré, no me puedes decir que no puedes lavar esos platos. Déjame contarte lo que hice yo".

Si podemos desarrollar una política inmigratoria que reconoce realmente cuán estadounidenses son los jóvenes como las hermanas Vazquez, algún día Bibiana realmente podrá decirle a sus hijos lo preciado que es ser estadounidense.

LA MAESTRA

Annette Poppleton nació en Inglaterra en una familia de granjeros. Trabajó y consiguió una beca universitaria y se convirtió en maestra, su profesión ahora por más de cuarenta años. "Me encanta enseñar", dice apasionadamente. "No lo cambiaría por nada en el mundo".[8]

En 1988, Annette y su esposo se llevaron a sus hijos de viaje de Inglaterra a ver a Mickey Mouse en Orlando, Florida, en unas vacaciones de tres semanas. Como cristianos devotos, encontraron una iglesia local a la cual asistir. Cuando los parroquianos locales supieron que Annette trabajaba bien con niños con problemas, los alentaron a que se mudaran a los Estados Unidos. Decidieron hacerlo. "Pensamos que sería fácil y placentero", cuenta Annette, "pero no fue así".

De hecho, los últimos veinticuatro años han sido más bien una pesadilla, el tipo de pesadilla que enfrentan muchos inmigrantes. El sistema es tan complejo que es imposible navegarlo sin un abogado. Hay muchos abogados de inmigración buenos y escrupulosos —y muchos malos.

Annette fue aconsejada por un abogado quien le dijo que podía trabajar mientras esperaba la aprobación de la inmigración. Encontró trabajo como maestra en una escuela cristiana. Su esposo tuvo que regresar a Inglaterra para cuidar a su madre enferma pero no le permitieron volver, "indefinidamente pendiente de una audiencia especial". Su abogado no apareció en la audiencia. Al final los sacaron de los Estados Unidos.

Pero esto no los desalentó. La pareja regresó como visitantes. Esta vuelta encontraron un abogado responsable quien les aseguró una visa especial como pastores. En 2000, abrieron su propia escuela asociada con la iglesia en la que eran pastores, y en 2002 Annette se convirtió en la directora de la escuela. La escuela comenzó con seis estudiantes y ha crecido a sesenta, con seis maestras contratadas. Tres cuartos de los niños son estudiantes que requieren apoyo pedagógico, desde autismo a ceguera parcial a discapacidad de aprendizaje.

Annette describe el impacto de la escuela en sus estudiantes como "milagroso". Habla de un niño que fue expulsado de un jardín de infantes público por sus frecuentes rabietas descontroladas, y en cuatro años "ha pasado de ser totalmente incapaz de aprender a convertirse en un aprendiz". La escuela tiene un éxito especial con los estudiantes autistas, ayudándolos a lograr un progreso académico drástico.

Desafortunadamente, el abogado que había asegurado las visas para Annette y su esposo murió. Encontraron otro abogado nuevo quien solicitó la renovación de sus visas, pero esta fue denegada. Aparentemente Annette y su esposo eran elegibles para solicitar tarjetas verdes pero nadie se los había dicho. En total, Annette y su esposo han gastado más de treinta mil dólares en tarifas de abogados, lo cual fue extremadamente difícil dados sus magros salarios. El dinero no sirvió de nada ya que Annette fue obligada a regresar a Inglaterra a finales de 2012. "No tengo nada en Inglaterra", lamenta Annette. "Mi escuela es mi vida. Mi vida es mi escuela".

"Tengo sesenta niños que me necesitan, y tengo maestras que me necesitan", agrega Annette. "Necesitan que yo sea su columna vertebral". Espero poder volver lo más pronto posible. "Los Estados Unidos no me ha vuelto rica, pero sí me ha vuelto sabia", dice Annette. "Sigo creyendo en este país".

La pérdida de Annette es nuestra propia pérdida: no podemos darnos el lujo de perder a personas talentosas que están dispuestas a dedicar sus vidas a los niños estadounidenses, por un sistema inmigratorio desesperadamente complejo. Los Estados Unidos será un lugar mejor si Annette Poppleton se encuentra entre nosotros.

LA ESTUDIANTE

Faithful Okoye es una de cinco hermanos en una familia nacida en Port Harcourt, Nigeria. Ambos padres tienen títulos universitarios y pudieron anotarla en un buen internado. Pero habiendo visitado los Estados Unidos, la madre de Faithful pensó que le daría mejores oportunidades en la vida a sus hijos si estudiaran en los Estados Unidos. Así que se puso en camino para hacer posible que lo hicieran. "Todos los sueños de la gente en Nigeria son de ir a los Estados Unidos", explica Faithful.[9] "Si alguien te brinda la oportunidad para ir a los Estados Unidos, no lo dudarías, simplemente vas".

La primera en ir fue la hermana mayor de Faithful, Suzylene. Tomó mucho tiempo obtener una visa de estudiante, pero finalmente lo logró. "Ay, realmente se está yendo", fue la reacción de Faithful. "Ella fue la que abrió el camino para el resto de nosotros". En Nigeria los estudiantes iban directamente de la secundaria a la facultad de Medicina. Los Estados Unidos ofrecía un entrenamiento mucho más extenso. Suzylene tomó cursos preparatorios de ingreso a Medicina y ahora está en un programa de enfermería.

La otra hermana de Faithful, Providence, se fue un año después que Suzylene. Tomó cursos preparatorios de ingreso a Leyes y luego se graduó con un título en Leyes de la Universidad de Richmond. Ahora trabaja como asistente jurídico de un juez estadounidense.

Después de eso, fueron negadas visas adicionales para los hijos Okoye. Entonces la madre de Faithful solicitó una visa de estudiante y se la dieron. Trajo a Faithful con ella como una menor de edad.

Aunque los Estados Unidos era muy diferente a su Nigeria natal, Faithful no tuvo una transición tan difícil, porque se volvió a encontrar con su familia y había visto muchas películas estadounidenses. Faithful al principio asistió a una escuela pública pero su nivel académico era demasiado avanzado para esta. Su familia no podía pagar la matrícula de una escuela privada, pero recibió ayuda financiera con un requisito de trabajo para asistir a una secundaria privada en Florida. Se graduó a los quince años de edad.

Uno de sus hermanos, que llegó después de Faithful, también como un menor dependiente, se graduó con ella. Pero a su otro hermano le han negado la visa de estudiante cinco veces. Faithful explica que los funcionarios estadounidenses no quieren que toda su familia esté en los Estados Unidos porque ellos creen que hará que su regreso a Nigeria sea menos probable. "Es triste no haber visto a mi hermano en cinco años y es simplemente por el sistema de inmigración", dice Faithful. Ahora está solicitando ingreso a universidades canadienses con la esperanza de un mejor resultado.

A Faithful la aceptaron en la Universidad Internacional de Florida (FIU, por sus siglas en inglés) en Miami pero eso significó que necesitaba obtener su propia visa de estudiante. La solicitó y la rechazaron, aunque la solicitud de su hermano fue aprobada. Así que Faithful se enfrentó con tener que abandonar sus estudios y regresar a Nigeria. "Estamos rezando por todo esto", recuerda Faithful. Afortunadamente su apelación fue exitosa, y comenzó las clases en el verano de 2009.

Faithful tuvo que dejar FIU porque no podía pagar a matrícula, así que se inscribió en Broward College, de donde se graduó con un título de dos años en 2011. Su trabajo fue tan excepcional que se ganó la beca Jack Kent Cooke que podía ser usada para terminar sus estudios en cualquier parte. Decidió inscribirse en la Universidad de Florida, la cual le ofrecía una tarifa reducida para los residentes del estado a través de un programa diseñado para fomentar las relaciones internacionales, que requiere que los graduados regresen a sus hogares durante al menos cuatro años.

Faithful está estudiando Periodismo en la Universidad de Florida y una asignatura secundaria en Historia. Admite haberse hecho fan de los Gators. "Creo que debes serlo", dice riendo. "Realmente me encanta. Te contagia con el orgullo Gator".

La familia de Faithful se está haciendo binacional. Suzylene todavía anhela conseguir un título en Medicina y no está segura de si permanecerá en los Estados Unidos o regresará a Nigeria. Providence se casó con un ciudadano estadounidense y tiene una tarjeta verde. Faithful no sabe si irse o quedarse. Si regresa, le gustaría ser periodista para informar sobre las actividades gubernamentales y ser parte de un sistema de equilibrio de poderes. "Siento que aquí me necesitan", dice. "Me da miedo cuando oigo sobre la violencia, pero quiero ayudar". Pero también se puede ver como profesora de Historia en los Estados Unidos. "Lo que tengo aquí es paz y cordura", explica, agregando que le gustaría brindarle eso a sus futuros hijos.

Faith tiene varios amigos universitarios que son inmigrantes indocumentados. Le confunde el hecho de que sean elegibles para un estatus legal bajo la política de acción diferida, mientras que los jóvenes que vinieron a los Estados Unidos legalmente enfrentan procesos mucho más inciertos y engorrosos. "Los inmigrantes legales a veces son olvidados", observa Faithful. Valoró el comentario de Mitt Romney durante los debates presidenciales de que no deberías necesitar un abogado si quieres venir a los Estados Unidos.

Faithful Okoye es un buen ejemplo de por qué no debemos arbitrariamente limitar el número de estudiantes extranjeros que estudian en los Estados Unidos. A pesar de algunas experiencias frustrantes, Faithful tiene una enorme admiración por los Estados Unidos. "Definitivamente diría que hay un sueño americano", dice. "Lo que me encanta de los Estados Unidos es que creo que hay una igualdad de oportunidades para todos. Las personas pueden venir de cualquier parte de la vida y lograrlo". Faithful piensa que la experiencia de los estudiantes extranjeros aumenta su respeto y agradecimiento hacia los Estados Unidos.

Independientemente de si Faithul decide convertirse en ciudadana estadounidense o regresar a Nigeria, su oportunidad para aprender en los Estados Unidos hará de este mundo un mejor lugar.

DE VÍCTIMA A DEFENSORA

Si alguien tuviera una razón para sentir antipatía hacia los inmigrantes ilegales, sería Julie Erfle, cuyo esposo fue asesinado por un delincuente viviendo ilegalmente en los Estados Unidos. Pero en vez, Julie ejemplifica la sensibilidad y compasión que son cruciales para resolver el debate inmigratorio.[10]

Julie y Nick crecieron en el mismo pequeño pueblo en North Dakota, y fueron a la misma escuela e iglesia juntos. Comenzaron a salir en la secundaria y se casaron durante sus años universitarios. Aunque Nick tenía un lado rebelde, quería ser policía. "Me resultó un poco sorprendente", cuenta Julie. Después de conseguir un título de dos años, Nick solicitó ingreso al Departamento de la Policía de Phoenix y fue aceptado. A pesar de no tener casi nada de dinero, se mudaron a Phoenix en el verano de 1998, donde Nick hizo su entrenamiento en la Academia de Policía y Julie consiguió un puesto en una estación local de televisión.

Nick siempre trabajó patrullando las calles, en general ofreciéndose como voluntario para el tercer turno de noche. "Le encantaba", recuerda Julie, "porque ahí es cuando pasaba todo". Nick vigilaba la comunidad e hizo muchos arrestos criminales.

La pareja tuvo a su primer hijo en 2001. Tres años después,

a Nick le diagnosticaron cáncer testicular en el primer estadio. Se sometió a una cirugía y solo perdió tres semanas de trabajo.

Un año más tarde, el cáncer volvió. Estaba en el estadio 3 y se había extendido a sus pulmones y abdomen. Después de la quimioterapia, se determinó que el cáncer estaba en remisión. Nick no pudo regresar a patrullar las calles, pero hizo tareas en la oficina.

Pero el tumor volvió. Esta vez Nick se sometió a una cirugía importante, seguida de una recuperación larga y dolorosa. La cirugía había dañado sus intestinos y sufrió una infección masiva que lo llevó a perder sesenta y cinco libras. Su salud siguió empeorando y casi murió. Finalmente, en septiembre de 2006, Nick volvió a someterse a otra cirugía, que exitosamente lidió con lo que quedaba de sus problemas de salud.

Dentro del siguiente mes, ya estaba nuevamente trabajando, y en el Día de Acción de Gracias volvió a patrullar las calles de la comunidad. Le envió un correo electrónico a su familia informando: "Las calles de Phoenix me han estado esperando, hice tres arrestos en mi primer día de vuelta". Para ese entonces él y Julie tenían dos hijos, de dos y cinco años de edad, y estaban agradecidos de tener de regreso a su papá. "El último año de su vida fue un regalo que casi no fue", recuerda Julie.

A menos de un año de volver a patrullar las calles, Nick acababa de cambiar de brigada y se reunió con un antiguo compañero. La noche del 18 de septiembre de 2007, acababan de fichar a un sospechoso y estaban patrullando nuevamente. Vieron a un hombre joven y a dos mujeres cruzando la calle descuidadamente. El hombre llevaba insignia pandillera.

Nick y su compañero pararon a las tres personas. Mientras Nick interrogaba a las mujeres, su compañero interrogó al hombre, quien le dio un nombre falso que, irónicamente, tenía una orden judicial pendiente. Mientras Nick pasaba la información por radio, su compañero intentó arrestar al hombre sospechoso, quien lo empujó al piso. Nick acudió a su compañero para ayudarlo y el sospechoso le disparó a Nick. Luego trató de dispararle a su compañero pero erró, y entonces le disparó a Nick otra vez. El arma del sospechoso se trabó y él se fugó de la escena, robándose un auto a punta de pistola. Un conductor de un autobús llamó con el número de la placa del auto y el asesino fue detenido una hora más tarde por un equipo SWAT que lo encontró con un rehén. El equipo SWAT disparó y mató al sospechoso.

Ambos disparos que recibió Nick Erfle fueron fatales, y fue pronunciado muerto poco después del tiroteo. El asesino fue identificado como Erik Martinez, un inmigrante ilegal que previamente había sido deportado por un asalto y tenía una orden judicial criminal pendiente.[11]

La muerte de Nick "no tenía ningún sentido", dice Julie. "¿Por qué nos tocó pasar por todo lo que ocurrió para que muriera así?".

Pero aun cuando la familia estaba de duelo, los combatientes en la guerra sobre la inmigración que estaba a todo dar a través de Arizona intentaron presionar a Julie para que sirviera con ellos. Julie siempre había tenido un interés político, pero sin participación. "Hasta ese momento, no me había afectado, o por lo menos eso es lo que pensaba", dice. Ahora se encontraba en el fuego político cruzado entre el jefe de policía Jack Harris y la Asociación del Orden Público de Phoenix (Phoenix Law Enforcement Association, PLEA), que se encontraban en lados opuestos del tema. Ella consideró que la pelea era "muy destructiva", y la PLEA se decepcionó al enterarse de que Julie no compartía sus severos puntos de vista. Eso no evitó que los políticos invocaran a Nick para recaudar fondos, cuenta Julie, aunque ellos no tenían idea de cuál había sido su punto de vista sobre la inmigración.

Julie decidió intentar mejorar la orden de operaciones del Departamento de Policías de Phoenix que prohibía que los oficiales preguntaran sobre el estatus migratorio de quienes detenían. A

Nick siempre le había preocupado saber con quién estaba lidiando cuando paraba a alguien. En particular, los inmigrantes ilegales con órdenes judiciales pendientes eran una amenaza porque estaban desesperados y no querían ser deportados. Al final, perdió su vida precisamente en manos de tal persona.

Pero Julie se resistió a tomar partido por un extremo o el otro. En vez, se educó en cuanto al tema y se reunió con abogados de inmigración, líderes de fe, el director de la Cámara del Comercio y otros. "Me hizo dar cuenta de que había muchas soluciones disponibles y muchas personas habían estado trabajando en ellas por mucho tiempo", dice Julie. Pero las reformas que ella y otros propusieron fueron boicoteadas por un pequeño grupo de opositores.

Desde aquella experiencia, Julie prosiguió con la lucha en contra del S.B. 1070 de Arizona, que ella siente "no hace nada para arreglar lo que está fundamentalmente averiado en nuestro sistema inmigratorio". No podemos tener comunidades seguras, cree ella, si la gente tiene miedo de hablarle a la policía dado su estatus migratorio, lo cual a su vez hace que el trabajo de los policías sea más peligroso.

Julie ha ayudado a organizar la Coalición Real de Arizona (Real Arizona Coalition), que agrupa a líderes de negocios, de fe, de derechos civiles y a autoridades del orden público para encontrar soluciones a los temas inmigratorios. La coalición, que cuenta con el abogado del Condado de Maricopa, Bill Montgomery, ha desarrollado un plan de reforma migratoria que Julie y sus colegas esperan sea apoyado por toda la delegación congresal del estado, ubicando a Arizona al frente de la reforma migratoria.

Muchas personas de Arizona conocen a inmigrantes indocumentados que comparten sus valores, trabajan duro y crían buenas familias. Debería haber una manera, anhela Julie, para brindarles estatus legal. "Estoy optimista con lo que está ocurriendo en Arizona", declara. La capacidad de Julie Erfle de derivar esperanza de una tragedia desgarradora es una inspiración para todos nosotros que queremos encontrar soluciones perdurables.

EL EMPRESARIO

Como muchas historias estadounidenses de éxito, la historia de Shahid Khan comienza fuera de los Estados Unidos. Nacido en una familia de clase media en Pakistán, Khan llegó a Illinois hace cuarenta y seis años en busca de un título de Ingeniería a los dieciséis años de edad, con solo quinientos dólares a su nombre.[12] Después de gastar tres dólares en su primera noche en un YMCA local, Khan se desesperó pensando que se quedaría sin dinero. Entonces descubrió que lo podía recuperar en solo unas pocas horas lavando platos. "Es como, guau", recuerda. "Si pones el $1,20 por hora en relación a Pakistán, estás ganando más que el 99% de las personas allí. Estoy respirando oxígeno por primera vez".

Después de graduarse, Khan se convirtió en mánager de ingeniería en Flex-N-Gate, una compañía local en el mercado de repuestos de automóviles. Desarrolló un paragolpes revolucionario y con el tiempo compró la compañía. A través de la innovación y al ser audaz, convirtió a la compañía en un negocio multimillonario. Para 2011, los repuestos de Flex-N-Gate se encontraban en más de dos tercios de los 12,8 millones de autos vendidos en los Estados Unidos. La compañía contrata a trece mil personas, en cincuenta y dos fábricas alrededor del mundo. El valor neto de Khan lo ubica en la primera mitad de la lista de Forbes 400.

Pero construir un negocio era solo parte del sueño americano de Khan. El año pasado, compró el equipo de fútbol americano profesional los Jacksonville Jaguars por $770 millones, convirtiéndose en el primer dueño perteneciente a una minoría dentro de la Liga Nacional de Fútbol.

Hacer que los Jaguars sean un éxito financiero puede ser un desafío empresarial aún más grande que construir una compañía de repuestos de automóviles internacional de las cenizas del Cinturón Industrial. Jacksonville es el cuarto mercado más pequeño de la liga y el equipo no ha ganado un título de la división en más de una década. En una encuesta reciente de ESPN, solo 0,4% de los encuestados se identificaron como fans de los Jaguars, últimos en la liga.

Con su innovación típica, Khan lanzó una campaña de *marketing* que incluye desarrollar una base de fanáticos internacional. Comenzando en 2013, los Jaguars jugarán un "partido local" en Londres durante cada una de las siguientes cuatro temporadas. Sabe que no será fácil, pero el desafío en vez de disuadirlo, lo motiva. En los Estados Unidos, dice, "Puedes hacer lo que quieras hacer. Tienes que trabajar duro, tienes que crear tu propia suerte, y también necesitas algo de suerte. Pero aquí, es posible".

Como lo notó la revista *Forbes* en su perfil: "La historia exitosa de Khan es de las que ocurren solo en los Estados Unidos y han llenado barcos y aviones con soñadores durante los últimos 150 años, una historia que le da una cara a un hecho invulnerable: los inmigrantes capacitados y motivados son creadores de trabajo probados, no son quitadores de trabajos".

Los inmigrantes traen enorme riqueza, habilidades, esfuerzo e ideas a nuestra nación. Debemos arreglar nuestra política inmigratoria para que millones de hombres y mujeres emprendedores más sigan los pasos de Shahid Khan y tantos que han llegado antes que él para ganarse su parte del sueño universal: el sueño americano.

UN FUTURO ESTADOUNIDENSE

Estas historias solo rayan la superficie de las experiencias contemporáneas inmigratorias de los Estados Unidos. Durante el curso de nuestra historia, un sinnúmero de inmigrantes ha venido a nuestro país y ha enriquecido nuestra cultura, nuestras oportunidades económicas, nuestra política, nuestro entendimiento, nuestro futuro. Muchos regresan a sus tierras natales, en general recordando a los estadounidenses y su nación con cariño y ayudando a establecer relaciones internacionales pacíficas. Muchos otros permanecen aquí, ganándose la ciudadanía en busca del sueño americano. Afortunadamente, muchos más todavía aspiran a seguir sus pasos.

Los inmigrantes han hecho tantas contribuciones a los Estados Unidos que es imposible contarlas todas. Son absolutamente necesarias para nuestra prosperidad futura. Pero quizá más que nada, los inmigrantes son esenciales para recordarnos cuán especial es nuestra nación, y cuán difícil es mantener la libertad. Los inmigrantes validan los ideales estadounidenses a través de su determinación por lograr una mejor vida, la valentía de dejar lo familiar por lo imprevisto y el altruismo para aceptar algo más fuerte que ellos mismos.

Ellos nos muestran, no a través de una mera retórica sino por su determinación en convertirse en estadounidenses, justamente cuán valiosos son esos ideales.

6

LA INMIGRACIÓN Y
LA EDUCACIÓN

S ería difícil escribir este libro sin incluir un capítulo sobre la educación. Al igual que es necesaria la reforma migratoria integral para el futuro de nuestra nación y su bienestar económico, también es fundamental la reforma educacional.

De hecho, los temas están muy relacionados. El estado actual de la educación desde jardín de infantes hasta el último año de la secundaria en los Estados Unidos causa un impacto en la política inmigratoria de dos maneras diferentes e importantes: primero, una de las razones principales por las que necesitamos una gran cantidad creciente de inmigrantes altamente capacitados es que las escuelas de nuestra nación no están produciendo suficientes graduados con una buena educación —en especial en ciencia, tecnología, ingeniería y matemática— para mantener y hacer crecer nuestra economía, mucho menos mantener nuestro liderazgo en la tecnología global. Los Estados Unidos se encuentra en la posición número 25 de los 34 países en la Organización para la Cooperación y el Desarrollo Económico (Organisation for Economic Co-operation and Development, OECD) en matemática, número 17 en ciencia y número 14 en lectura.[1] Ese desempeño simplemente no alcanzará en una economía global altamente competitiva. Segundo, muchos inmigrantes, en especial los hispanos, se quedan bastante atrás en cuanto a logros educacionales.

El problema no es la falta de fondos. Los Estados Unidos se encuentra en el segundo puesto después de Suiza entre los países del OECD en cuanto a los gastos estudiantiles durante su educación primaria y secundaria. Esos gastos (incluyendo los fondos de incentivo federal para contratar a 10.000 nuevos maestros) ha reducido el índice de estudiantes/maestros sin mejorar los resultados.[2] Entre los países del OECD, el desempeño académico de los Estados Unidos se parece más al de Polonia, un país que gasta menos de la mitad por estudiante que nosotros dentro de la educación desde jardín de infantes hasta el último año de secundaria.

Además, solo 8 de los 34 países del OECD tienen peores índices de graduación que el nuestro.[3]

Así como los problemas se superponen, también lo hacen las soluciones: necesitamos un sistema de inmigración motivado por el mercado, al igual que un sistema educacional motivado por el mercado.

Nuestro sistema educacional no logra preparar la cantidad suficiente de estudiantes para la educación superior o carreras en las profesiones que más necesitamos en una economía global del siglo XXI. Cuando en la fuerza laboral hay niveles superiores de educación, hay un aumento tanto en los niveles de producción como en el índice de crecimiento económico. Nuestro sistema de inmigración debe cambiarse de varias maneras para permitirnos traer a los mejores y más brillantes estudiantes, trabajadores y empresarios de alrededor del mundo. Pero, claro, no necesitaríamos tantos inmigrantes si pudiéramos producir más estudiantes, trabajadores y creadores estadounidenses altamente capacitados.

También hay un segundo desafío educacional: el fracaso de nuestro sistema educativo para proveer oportunidades de alta calidad para los niños inmigrantes de edad escolar. Ese problema no es nada único para los niños inmigrantes, pero se extiende a millones de niños con desventajas económicas, que conforman una parte desproporcionada de la minoría. De hecho, aun teniendo en cuenta los altos índices de abandono escolar, los estudiantes negros e hispanos cursando el último año de secundaria tienen calificaciones en los exámenes estandarizados que aproximadamente se encuentran en el mismo nivel que las de los blancos de octavo grado, una diferencia racial de cuatro años académicos que ha persistido a pesar del aumento de fondos escolares y de reformas como la de disminuir la cantidad de estudiantes por clase.[4]

La afluencia de inmigrantes y la necesidad de traer más, sin embargo, aumenta la urgencia de una reforma educacional. Los problemas son particularmente pronunciados en los estados con fuertes sindicatos de maestros, los cuales usan su garra política para preservar el status quo a un costo tremendo para los niños. Afortunadamente, gobernadores valientes y otros funcionarios públicos están poniendo los intereses de los niños por encima de los intereses políticos y haciendo avanzar la reforma educativa sistémica, como lo ilustra el alcalde de Chicago Rahm Emanuel al enfrentar a los sindicatos sobre su oposición a reformas necesarias. Muchos más —en especial los demócratas, quienes a menudo son susceptibles a la influencia de los sindicatos— necesitan poner los intereses de los niños primero.

Los desafíos crecerán a medida que nuestra población se

diversifique. Un cuarto de todos los niños en los Estados Unidos tienen al menos un padre nacido en el extranjero. Los niños inmigrantes tienen algunas ventajas, en particular una probabilidad mucho mayor que los niños estadounidenses de vivir en una familia con dos padres.[5] Y algunos, en especial los niños de países asiáticos del sur y el este, como India, China y Corea, tienen padres con salarios altos y mejor educados en general que los niños estadounidenses. Pero la pobreza y las barreras idiomáticas contribuyen a desafíos educativos severos para muchos niños inmigrantes, en especial los hispanos. Más de un tercio de los hispanos cursando cuarto grado están aprendiendo inglés. Los niños de México y Centroamérica tienen el índice de graduación de secundaria más bajo de los Estados Unidos. El Pew Hispanic Center informa que aunque los hispanos tienden a hacer de la educación una prioridad y aspiran a que sus hijos vayan a la universidad, las barreras idiomáticas y la necesidad de muchos jóvenes hispanos de dejar la escuela para mantener a sus familias lleva a logros educacionales bajos y altos índices de abandono escolar.[6]

Una parte de la solución parece ser la inmersión en el inglés. Sixth Street Prep, una escuela chárter en el este del Condado de Los Ángeles, provee un buen ejemplo. Sus estudiantes son mayormente hispanos y de bajos ingresos, y un tercio está aprendiendo inglés. La escuela usa una estrategia de "inmersión total", enseñando las materias en inglés en vez de hacerlo en inglés y español, para lograr que los estudiantes de inglés lleguen a dominar el idioma lo más rápido posible. Asombrosamente, 100% de los niños de cuarto grado de la escuela obtuvo calificaciones sobresalientes en los exámenes estatales de Matemática, y 93% en los exámenes de Inglés.[7] Aunque todavía no se ha llegado a un acuerdo en cuanto a tales esfuerzos de inmersión, creemos fervientemente en darles a los estados y las escuelas amplia jurisdicción para probar diferentes estrategias. Cuanto menos, el Gobierno federal debería dejar de usar las leyes de derechos civiles para impedir tales esfuerzos, lo cual tiene el efecto perverso de quitarles opciones educativas a los mismos niños que deberían ser los beneficiarios de aquellas leyes.

Los resultados documentados en Sixth Street Prep se podrían lograr en cualquier escuela —simplemente demuestran lo que es posible hasta para los niños con mayores desventajas. Pero para que tales resultados sean la norma en vez de la excepción, es necesaria una verdadera reforma sistémica. Debemos recordar que, con todos los beneficios maravillosos que ha producido, el sistema educativo de nuestra nación está mayormente basado en el calendario agrícola del siglo XIX y en un modelo de organización industrial de mediados del siglo xx. Nuestras necesidades han cambiado drásticamente, como también lo ha hecho nuestra capacidad para entregarle a cada niño una oportunidad educacional de alta calidad y altamente personalizada. Que no hayamos actuado de acuerdo a esta capacidad —que millones de niños sigan atrapados en sumideros educacionales a pesar de los enormes gastos de dólares de contribuyentes— representa el mayor fracaso de la política pública estadounidense, uno que gravemente amenaza el futuro de nuestra nación.

ÉXITO EN FLORIDA Y ARIZONA

Nuestros dos estados, Florida y Arizona, han estado en la vanguardia de la reforma educativa sistémica.

Comenzando en 1999, Florida se embarcó en una serie de reformas diseñadas para mejorar las escuelas públicas y ampliar la oferta escolar.[8] El plan de responsabilidad A+ califica a todas las escuelas públicas de A a F, basados en su desempeño académico. Por primera vez, los padres tienen una evaluación objetiva y fácilmente comprensible de las escuelas de sus hijos. Un sistema de responsabilidad es básico para un sistema educativo de alta calidad. El de Florida espera de cada estudiante el mismo logro de alto nivel. No se enfoca en el antecedente étnico del estudiante ni en su estatus socioeconómico.

Al creer que todos los niños pueden aprender y reconocer que niños de todos los colores y antecedentes pueden sobresalir, Florida se concentra en el nivel académico del estudiante individual. El progreso y el logro de cada estudiante, medidos por evaluaciones objetivas, determina la nota de la escuela. Para asegurarse de que los estudiantes a quienes les resulta más difícil no sean pasados por alto o dejados a un lado, la evaluación de los estudiantes que se desempeñan en el cuartil más bajo tiene aún más peso. Y los padres que viven en zonas que corresponden a escuelas públicas de desempeño bajo pueden transferir a sus hijos a escuelas públicas con desempeños mejores.

Todos los padres deben tener el poder de elegir las mejores escuelas para sus hijos, y en Florida y Arizona la oferta escolar es extensa. El año pasado en Florida, casi 800.000 estudiantes asistieron a escuelas seleccionadas por sus padres, no por las leyes de urbanismo de la zona. Más de 200.000 estudiantes asistieron a escuelas chárter públicas. Alrededor de 25.000 niños con necesidades especiales asistieron a escuelas privadas usando becas. Casi 50.000 estudiantes de familias de bajos recursos recibieron becas financiadas por créditos fiscales para asistir a las escuelas que mejor se ajustaban a sus necesidades. Florida le brinda a niños de cuatro años de edad acceso gratis a programas de alfabetización preescolar. El año pasado, más de 180.000 niños fueron inscriptos en programas de alfabetización preescolar y el 85% de los padres eligió proveedores privados. Y el año pasado más de 150.000 estudiantes en el estado tomaron cursos en línea.

El sistema de pago a base de desempeño premia a los maestros que ayudan a generar alzas académicas para los estudiantes. También provee incentivos monetarios para maestros que aceptan puestos en distritos escolares de bajo rendimiento o que enseñan cursos en alta demanda como Matemática y Ciencia. En 2002, Florida comenzó a dar bonos a los maestros con alumnos que aprobaran los cursos de nivel avanzado, lo cual ha ayudado a aumentar considerablemente el número de estudiantes tomando y aprobando dichos cursos, en especial estudiantes minorías. Esos cursos se traducen a un aumento en la concurrencia universitaria y al éxito. Florida también reconoce varios métodos de títulos alternativos de docentes, lo cual aumenta el número de maestros capacitados.

La lectura es la puerta al aprendizaje. En 2002, el estado limitó "la promoción social" al requerir que los niños de tercer grado pudieran leer dentro del nivel del grado antes de ser admitidos a cuarto grado. Al poner un fuerte énfasis en la lectura para los estudiantes desde jardín de infantes hasta tercer grado, y requerir una detección temprana de lectores con dificultades e intervenciones personalizadas, Florida ha reducido a casi la mitad el número de niños que son funcionalmente analfabetos al finalizar el tercer grado.

Las reformas combinadas han producido resultados drásticos. Florida es el único estado en el país que ha disminuido sustancialmente la brecha académica racial. En 1998, antes de que se adoptaran las reformas, los hispanos de cuarto grado en Florida estaban muy por detrás de sus contrapartes blancos en lectura según lo medido por la Evaluación Nacional del Progreso Educativo (National Assessment of Educational Progress), (con calificaciones promedio de 198 puntos en comparación a 223 para estudiantes blancos), pero en 2009 esa brecha casi había desaparecido (223 puntos para los hispanos y 229 para los blancos).[9] Todos los grupos estudiantiles experimentaron mejoras. En 1998, 69% de los blancos de cuarto grado de Florida lograron calificaciones de un nivel básico o mejor, mientras que solo el 31% de los estudiantes negros y 46% de los hispanos lograron lo mismo. Para 2009, los porcentajes habían crecido a 77% de blancos en cuarto grado, 56% de estudiantes negros y 71% de hispanos.

Los resultados son aún más asombrosos cuando se colocan en el contexto nacional. Para 2009, los estudiantes negros de Florida tenían calificaciones más altas o iguales a las calificaciones promedio de *todos los estudiantes* en ocho estados, a pesar de que los ocho habían mejorado sus calificaciones generales durante el mismo período.[10] Los hispanos en cuarto grado de Florida, mientras tanto, lograron calificaciones iguales o más altas que las promedio a nivel estatal para todos los estudiantes en treinta y un estados.[11]

Otros estados han comenzado a adoptar las reformas educativas de amplio alcance de Florida. Esas medidas están basadas en una premisa muy simple que demasiado a menudo se encuentra ausente en la política educacional: *La educación debe tratarse en pos de los niños, no de los adultos que los sirven.* Ampliar la oferta para los niños —en especial para aquellos niños con desventajas que de otra manera estarían asignados a escuelas deficientes— y hacer responsables a las escuelas son los pilares para una reforma educativa significativa.

Algunas de las innovaciones educativas más importantes se están dando en las escuelas chárter. Redes de escuelas chárter como las KIPP Academies y los SABIS International Schools están brindando oportunidades educativas estupendas a miles de niños

JEB BUSH Y CLINT BOLICK

de minorías y bajos recursos, probando que la calidad y las altas expectativas pueden producir resultados positivos consistentemente.[12] De manera similar, los programas de elección escolar que están creciendo en cantidad a través de la nación brindan acceso a escuelas privadas para familias cuyas limitaciones económicas normalmente excluirían tal elección. La ex legisladora estatal demócrata de Wisconsin, Annette Polly Williams, quien fue madre dependiente de la asistencia social y arquitecta del programa de becas de Milwaukee, bromeó durante la administración de Clinton que Bill y Hillary no deberían ser los únicos viviendo en viviendas subvencionadas que podían enviar a su hija a escuelas privadas. Tenía razón, y los funcionarios electos de ambos partidos deben reconocer que el *lugar* donde se educa a los niños es mucho menos importante que *si* son educados.

Los programas de elección escolar tanto públicos como privados tienden a enfocarse en los lugares donde la necesidad educacional es mayor: las comunidades de bajos recursos. De hecho, algunos estados limitan a la elección de escuelas chárter y privadas a niños de bajos recursos con necesidades especiales. Pero necesitamos escuelas excelentes para todos los niños. Incluso muchas de las "mejores" escuelas públicas están produciendo graduados que requieren de educación correctiva, y demasiado pocos con las capacidades necesarias para seguir carreras exigentes en las mejores universidades.

Arizona se destaca por incubar redes de escuelas chárter que producen resultados estratosféricos. BASIS Schools Inc., fundada por el economista Michael Block y su esposa Olga, una inmigrante de la República Checa, brindan una currícula exigente con énfasis en Matemática y la Ciencia. La revista *Newsweek* recientemente clasificó a las dos escuelas BASIS más viejas, en Tucson y Scottsdale, entre las mejores cinco secundarias públicas en los Estados Unidos —y las únicas dos dentro de las mejores cinco sin ingreso selectivo.[13] Usando otra estrategia, los Great Hearts Academies brindan una educación clásica, con énfasis en el aprendizaje a través de "grandes libros" de la tradición occidental. Siguiendo la gran tradición estadounidense de la competencia, las escuelas chárter están causando que las escuelas públicas sean más innovadoras y receptivas a las necesidades de los estudiantes.

Las escuelas chárter eficaces prosperan en Arizona dado el sutil toque regulador del estado, lo cual permite experimentación y replicación del éxito. La admisión se da a través de una selección al azar, y muchas escuelas chárter de Arizona tienen grandes cantidades de estudiantes de bajos recursos e inmigrantes. Las escuelas chárter son juzgadas por su éxito, y las escuelas con mal desempeño son cerradas. Las escuelas chárter ahora conforman el 25% de todas las escuelas públicas de Arizona e inscriben a más del 14% de todos los estudiantes en escuelas públicas. Las escuelas chárter se desempeñan desproporcionadamente bien en los exámenes estatales: nueve de las diez mejores escuelas públicas en Ciencia son escuelas chárter, así como ocho de las mejores diez en Lectura y Matemática.[14] Las redes de escuelas chárter más exitosas, incluyendo BASIS y Great Hearts, ahora se están expandiendo a otros estados, y BASIS abrió una escuela en la capital de la nación en 2012. Otros estados deberían seguir el ejemplo y brindar un ambiente regulador en donde pueden prosperar las escuelas chárter.

INNOVACIONES EDUCATIVAS

Nuestro sistema educativo en su totalidad, actualmente es demasiado lento para aprovechar los avances revolucionarios de la tecnología que hacen que haya oportunidades educacionales de primera clase disponibles para un creciente número de niños. Muchos estados concentran mucha atención y recursos en bajar el índice de estudiante/maestro. Pero para los maestros más talentosos, el mejor índice posible de estudiante/maestro es infinito.

La tecnología ahora hace posible que los mejores maestros estén disponibles para un gran número de estudiantes a través de la educación en línea, y personalizar la educación a las aptitudes individualizadas de cada estudiante a través de la educación interactiva.

En un libro sobre la inmigración, resulta adecuado que un modelo para esta estrategia pionera haya sido desarrollado por Salman Khan, cuya madre emigró de India y su padre de Bangladesh.[15] Criado en una comunidad pobre en Metairie, Luisiana, Salman sobresalió en matemática y fue aceptado en el Instituto de Tecnología de Massachusettes (MIT, por sus siglas en inglés). Las clases le parecían aburridas y obtuvo dos títulos universitarios y una maestría en cuatro años. Después de obtener una Maestría en Administración de Empresas (MBA, por sus siglas en inglés) de la Escuela de Negocios de Harvard, se embarcó en un trabajo lucrativo como analista de fondos de cobertura.

Pero al hacer videos de tutoría para una prima, Salman descubrió su verdadera vocación. Los subió a YouTube, donde recibieron miles de visitas por día. Los correos electrónicos de estudiantes agradecidos convencieron a Salman de comenzar la Academia Khan, sin fines de lucro, cuya misión es "una educación de primera clase gratis para cualquiera en cualquier lugar". La academia ha producido miles de videos de enseñanza cortos que van desde matemática básica y álgebra a la Revolución Francesa y el colegio electoral, junto con pruebas interactivas y gráficas de progreso. Con un presupuesto operativo de $7 millones anuales, la Academia Khan ha alcanzado a un sorprendente número de diez millones de estudiantes —a un costo de 70 centavos por estudiante. Es lo último dentro de la educación interactiva individualizada de bajo costo y alto rendimiento, e ilustra poderosamente el ámbito en veloz expansión de lo posible en la educación tecnológica.

Simplemente no hay excusa para brindar una educación de baja calidad a estudiantes estadounidenses. ¿Es posible entonces desarrollar una política pública que pueda tomar y nutrir estos avances tecnológicos para producir un sistema de educación del siglo XXI? Absolutamente. Las escuelas chárter —y si vamos al caso, todas las escuelas públicas— pueden combinar lo mejor de la educación tradicional con las herramientas que provee la tecnología.

Las escuelas Carpe Diem (nos encanta el nombre), fundadas en Yuma, Arizona, por el educador visionario Rick Ogston y ahora expandiéndose a otros estados, hacen exactamente eso: cada estudiante es instruido a su ritmo, a través del aprendizaje basado en la informática. Los tutores circulan dentro de la clase para vigilar el progreso del estudiante y brindar ayuda. Los estudiantes también participan en actividades grupales y sociales. Al adaptar la educación a las habilidades del individuo, no se pierde tiempo y los estudiantes están siempre ocupados. Por lo tanto, no sorprende que Carpe Diem haya logrado un gran éxito académico, en particular con estudiantes que no prosperan en ambientes educativos más tradicionales —y con costos mucho menores que las escuelas públicas tradicionales.

La mejor manera que tiene la política educativa de ponerse al día con los avances tecnológicos es financiar a los estudiantes en vez de las escuelas. Luego de que la Corte Suprema de Arizona derogara un programa de becas para niños en adopción temporal y discapacitados bajo la Enmienda Blaine del estado, el Goldwater Institute propuso una idea innovadora llamada la cuenta de ahorros educacional.[16] Por cada estudiante elegible que deja la escuela pública, el estado deposita cada año la parte de los gastos de la educación estatal del estudiante en una cuenta de la familia del estudiante. Las cuentas se pueden usar para gastos educacionales, desde matrículas de escuelas privadas a educación a distancia, software, tutores, clases en institutos terciarios y servicios específicos de escuelas públicas. Cualquier dinero restante se puede ahorrar para la universidad.

En un principio, las cuentas de ahorro educacionales estaban disponibles para niños en adopción temporal y discapacitados que hubieran sido desplazados de los programas de becas, pero fueron expandidas para incluir a niños en las escuelas públicas con calificaciones de D- y F- después de que Arizona adoptara el sistema de calificaciones de escuelas públicas de Florida, por lo tanto ahora hay 200.000 niños en Arizona elegibles para estas cuentas. El coautor Bolick está defendiendo el programa de objeciones legal, y otros estados están viendo las cuentas de ahorros educacionales como una manera de ampliar drásticamente la oferta educacional.

Cada estado debe alinear sus estándares académicos con las expectativas de las universidades y los empleadores para asegurarse de que los graduados de la secundaria tengan la capacitación y el conocimiento necesarios para tener éxito. Hay demasiados estados con estándares demasiado bajos o insuficientemente enfocados en que los estudiantes manejen las habilidades básicas que pretenden las universidades y los empleadores. Florida recientemente adoptó los Next Generation Sunshine Standards, que incluyen evaluar la gramática, el vocabulario y la ortografía en los exámenes anuales escritos. Previamente, las calificaciones de escritura solo reflejaban si los estudiantes entendían lo suficiente del tema y brindaban una conclusión concisa. Subir el nivel puede causar que los estudiantes y las calificaciones escolares bajen al principio, pero es importante asegurarse de que esas habilidades básicas están siendo aprendidas. Si la historia sirve como guía alguna, al final los estudiantes alcanzarán los estándares nuevos y más altos.

La investigación es clara en cuanto a que la efectividad del maestro en la clase afecta directamente los logros académicos del estudiante. Muchos estados están adoptando reformas sensatas para transformar la enseñanza en una profesión, no un trabajo, y para atraer y recompensar a los maestros más competentes. Este es un componente crucial de traer el cambio sistémico al sistema educativo de nuestra nación.

Estos ejemplos apenas si rayan la superficie de la política y las innovaciones educacionales emocionantes que están ocurriendo a través de la nación en un mercado educacional cada vez más dinámico. Pero los intereses especiales que se benefician del status quo son poderosos y están resueltos a oponerse a reformas significativas, haciendo que cada paso hacia delante requiera de un esfuerzo tremendo. Irónicamente, muchos de los mismos defensores y funcionarios electos que están fuertemente a favor de la reforma migratoria a su vez se oponen a una reforma educativa significativa. La política inmigratoria y la política educacional son inseparables.

Cada una requiere una reforma fundamental. Y el progreso en una reafirma el progreso en la otra.

Hace más de medio siglo, comenzando con la decisión monumental en *Brown v. Board of Education* y seguido por la Ley de Derechos Civiles (Civil Rights Act) de 1964, nuestra nación hizo una promesa sagrada de proveer oportunidades educacionales equitativas para todo niño estadounidense. Aunque hemos progresado mucho desde aquel entonces, el sistema educativo de nuestra nación no se adecua a nuestras necesidades actuales, mucho menos a nuestro futuro. Un sistema que debería brindar el principal medio de ascenso socioeconómico, en su lugar y muy a menudo produce fracaso y desigualdad. Sin embargo, con la tecnología, la política pública innovadora y el liderazgo valiente, nuestra generación tiene entre sus manos la posibilidad de al fin cumplir con la promesa sagrada de la oportunidad educacional. No existe un legado más grande ni más importante que le podamos dejar a nuestros hijos, los hijos de nuestros hijos y nuestra nación.

UNA RECETA PARA LOS REPUBLICANOS

*P*RESIDENTE MITT ROMNEY.

Para muchas personas que leen este libro, incluyendo los autores, esas tres palabras evocan imágenes nostálgicas. Cuán diferente podría haber sido el curso de nuestra nación, durante los siguientes cuatro años y más, si el talentoso ex gobernador de Massachusetts hubiera sido elegido para traer su extraordinaria perspicacia empresarial al timón de nuestra nación.

Es una trágica oportunidad perdida, con el agravante de que fue mayormente autoinfligida. Muchas personas creían que Romney sería elegido y casi todos esperaban una competencia más reñida. Entraron en juego varias explicaciones sobre la derrota de

Romney, y casi todas fueron demográficas. El comentarista político Tucker Carlson cuenta una conversación cerca de la víspera de la elección de 2012 con un estratega demócrata quien acertadamente observó: "No estamos teniendo una elección. Estamos teniendo un censo". Nuestra nación ha experimentado un cambio demográfico rápido y drástico durante la última década, que incluye una población que está envejeciendo; un número reducido de casamientos; un declive de la religión; y, por sobre todo, una población rápidamente en aumento de minorías raciales y étnicas. Durante la última década las minorías han comprendido el 85% del crecimiento de la población nacional.[1] Durante ese mismo tiempo, el Partido Republicano se ha aferrado a sus principales electores, buscando exprimir más votos de una base cada vez menor —es decir, ha tenido los días contados. En 2012, la inexorable matemática, combinada con la falta de voluntad y la incapacidad del partido para expandir su base, finalmente lo alcanzó.

Aunque este libro está dirigido a todos, sin importar la afiliación a un partido o la creencia filosófica, creemos que es importante concluir dirigiendo estos comentarios al Partido Republicano. Uno de nosotros es un ex gobernador republicano quien sigue estando firmemente comprometido con su partido y es optimista en cuanto a lo que puede lograr en los años venideros. El otro fue un republicano activo desde su adolescencia que se desencantó con el partido por la inmigración y otros temas y ha sido independiente durante la última década. Ambos creemos encarecidamente que los republicanos deben jugar un papel de liderazgo en la inmigración y deben acercarse a los inmigrantes en general y a los hispanos en particular de una manera mucho más seria y significativa, no solo por el bien del país sino para la supervivencia del partido.

Para ambos fue difícil observar a los candidatos republicanos para la nominación presidencial de 2012 hablar sobre temas inmigratorios, cada uno tratando de superar al otro como el candidato que haría lo máximo por evitar que la gente cruce nuestra frontera del sur, y que lidiaría de la manera más hostil con las personas y sus hijos que se encuentran en el país ilegalmente. Al criticar con dureza al gobernador de Texas, Rick Perry, por su programa de matrículas con tarifas para residentes para ciertos niños de inmigrantes ilegales, y al tener como principal asesor sobre la inmigración a un partidario prominente de la "autodeportación",[2] Mitt Romney se fue tan a la derecha en los temas de inmigración que le fue prácticamente imposible atraer a los votantes hispanos en la elección general. Independientemente de cuánto o cuán poco cuenta la retórica antiinmigrante en las primarias republicanas, definitivamente logra alienar a los votantes hispanos cuando llega la elección general. Aunque Romney al final hizo un llamado a una reforma migratoria integral, sobre su candidatura colgaba como un yunque una plataforma que endureció la postura del partido con respecto a la inmigración.[3]

Los tropiezos de Romney con la inmigración fueron especialmente frustrantes dado que el presidente Obama había alienado a muchos hispanos antes de la temporada electoral, al romper su promesa de la campaña de 2008 de liderar el camino para la reforma migratoria integral y, en especial, por deportar a un número récord de inmigrantes ilegales.[4] Pero hacia el final de su campaña, Obama de pronto cambió su rumbo, anunciando su política para permitir que los jóvenes que fueron traídos aquí ilegalmente se pudieran quedar. La política fue extremadamente popular, y aparentó demostrar liderazgo presidencial, animó a los votantes hispanos y arrinconó a los republicanos en un lugar del cual no pudieron escapar.[5]

Los resultados fueron tan predecibles como dolorosos. Considerando que los republicanos habían ganado el 44% de los votos hispanos solo ocho años atrás, en 2012 esa proporción se desplomó al 27%. Y fue una parte mucho menor de un número mucho más grande, ya que el voto hispano récord se dobló del 5% del electorado en 1996 al 10% en 2012.[6] El margen ganador de Obama entre los hispanos parece explicar sus victorias en estados tan cruciales como Florida, Colorado y Nevada.

Quizá lo más impactante fue la muestra abismal de Romney entre los asiáticos, quienes representan el grupo inmigrante en aumento más grande. A pesar del hecho de que solo el 41% de los asiáticos se identifica como demócrata, y que el presidente George W. Bush obtuvo el 42% de sus votos en 2004, Romney sólo obtuvo el 26% del voto asiático —aún más bajo que su porcentaje de hispanos.[7] El efecto fue especialmente pronunciado en los suburbios del norte de Virginia, donde viven grandes cantidades de asiáticos, y fueron ellos quienes ayudaron a que el crucial estado indeciso fuera para Obama.

Aunque esta posdata se enfoca en los hispanos, nuestras observaciones y recomendaciones se aplican a nivel general. La mayoría de los inmigrantes, incluyendo a los hispanos y asiáticos, son empresarios, valoran a la familia, son profundamente religiosos y colocan un gran énfasis en las oportunidades educacionales. Es decir, cumplen con el perfil clásico de los republicanos. Y sin embargo los republicanos están perdiendo a los votantes inmigrantes.

El declive veloz del apoyo de la parte hispana hacia los candidatos republicanos es alarmante para nosotros por una cantidad de razones:

- Si esta tendencia no se detiene y se revierte, la creciente influencia de votantes hispanos condenará los futuros prospectos electorales del Partido Republicano.

- Si los hispanos se identifican con un solo partido en vez de permitir una competencia por sus votos, marginarán su potencialmente amplia influencia política.

- No tiene que ser así: la mayoría de los votantes hispanos comulgan con las convicciones centrales del Partido Republicano y han demostrado estar dispuestos a votar por los candidatos republicanos.

Aun si los hispanos no aceptan rápidamente al Partido Republicano, debemos acercarnos en acuerdo sobre los valores y las metas que compartimos. Las políticas del mercado libre pueden llevar a nuestra nación a nuevas alturas con más prosperidad y oportunidad de lo que nadie puede imaginar. Una sociedad de oportunidades —donde tengamos la libertad para perseguir descubrimientos e innovaciones revolucionarias y donde las aspiraciones individuales sean recompensadas— creará enormes posibilidades mucho más allá de cualquier programa gubernamental. No somos lo suficientemente inteligentes o proféticos como para predecir el resultado de millones de personas inspiradas a esforzarse, soñar y trabajar, pero estamos seguros de que producirá un futuro mucho mejor que la estrategia de mandar y controlar en la que se encuentra sumida la actual administración. Los inmigrantes vienen a nuestra nación precisamente por esa libertad, sea en pequeña o gran escala. Esa es la base para un lazo perdurable entre los conservadores y los inmigrantes que trasciende las etiquetas de los partidos.

Los críticos más estridentes de la inmigración de la derecha rechazan el compromiso con los hispanos como algo totalmente inútil. "Tendría mucho más sentido", insta el escritor Sam Francis, "que el Partido Estúpido se olvide de los hispanos como un bloque que le pueden ganar a sus rivales, y empiecen a pensar en cómo controlar la inmigración, abandonar los anuncios en español y comenzar a hablar el idioma de la clase media blanca que los mantiene en funciones".[8] Otros rechazan la noción de que los inmigrantes hispanos son instintivamente conservadores. "Lejos de ejercer un freno en la erosión de los valores tradicionales," escribe

Heather Mac Donald, "la creciente población hispana proporcio-
nará el ímpetu para que haya más alternativas gubernamentales a
la responsabilidad personal".[9]

Tales recetas pasan por alto a cuatro hechos importantes:

- Aun si ni un solo inmigrante hispano nuevo fuera a
  recibir la ciudadanía —un supuesto imposible por
  más de que algunos lo deseen— el número de votantes
  hispanos seguirá creciendo implacablemente mientras
  los niños hispanos que son ciudadanos lleguen a la
  edad votante. De hecho, los nacimientos ahora sobre-
  pasan a la inmigración como la fuente principal de
  crecimiento hispano en los Estados Unidos.

- Los hispanos todavía no están firmemente apegados
  a un partido político, y muchos candidatos republicanos (incluyendo el autor principal y su hermano)
  han experimentado un éxito importante en atraer sus
  votos.

- Aun si los candidatos republicanos no logran ganar
  la mayoría de los votos hispanos, la diferencia entre,
  digamos, un 25% versus un 40% es suficientemente
  grande para afectar los resultados electorales.

- Los republicanos no deben abandonar ni ceder sus principios para atraer el apoyo hispano —al contrario, su mejor estrategia electoral es enfatizar los valores conservadores en común.

Una famosa salida de Ronald Reagan fue que los "latinos son republicanos. Solo que todavía no lo saben".[10] La prioridad predominante del Partido Republicano en los años venideros debe ser ampliar y diversificar su decreciente base demográfica, aceptando a los inmigrantes en general y a los hispanos en particular.

VALORES CENTRALES COMPARTIDOS

Los hispanos son el grupo de minoría étnica estadounidense más grande, y están creciendo, tanto como parte de la población como del electorado. El censo estadounidense de 2010 contó a 50,5 millones de hispanos, un incremento de los 35,3 millones que había hace diez años. El número de votantes hispanos elegibles creció aún más rápido, de 13,2 millones en 2000 a 21,3 millones en 2010. Esos números seguirán creciendo. Cada mes, 50.000 hispanos nacidos en los Estados Unidos cumplen dieciocho años de edad y pueden votar.[11]

Los republicanos necesitan reconocer que los hispanos no son una comunidad monocromática sino una profundamente diversa, que refleja una amplia variedad de orígenes nacionales, dispersión geográfica y diversos lapsos de tiempo transcurridos en los Estados Unidos. De hecho, las raíces de algunos hispanos estadounidenses se remontan más de cuatro siglos. Aun así, los hispanos en general favorecen encarecidamente a los demócratas: el 62% dice que se identifica o se inclina hacia los demócratas, mientras que solo el 25% se identifica con los republicanos.[12] Pero el Pew Research Center estima que un porcentaje creciente de hispanos —46% en comparación a 31% hace seis años— se está registrando como independiente, indicando que todavía no están firmemente comprometidos con el Partido Demócrata.[13]

A pesar del pronunciado déficit de afiliación a un partido, un número importante de republicanos hispanos está llegando a cargos públicos. En 2010, por primera vez en la historia, tres candidatos hispanos ganaron las principales elecciones a nivel estatal, y todos eran republicanos: la gobernadora de Nuevo México Susana Martinez, el gobernador de Nevada Brian Sandoval y el senador estadounidense Marco Rubio de Florida.[14] Dos años más tarde, el republicano Ted Cruz fue elegido senador por el estado de Texas. Este éxito electoral podría ser el reflejo del mayor enfoque del Partido Republicano en atributos individuales en vez de en identidad étnica, lo cual debería atraer a los hispanos dada su gran diversidad.

Creemos que el Partido Republicano tiene un potencial mucho más grande para atraer a los votantes hispanos de lo que se han dado cuenta hasta el momento. Una encuesta de 2006 por la Coalición Latina (Latino Coalition) apartidaria determinó que una multitud de votantes hispanos —34,2%— se consideran conservadores, en comparación a solo el 25,8% que se identificaron como liberales.[15] La diferencia entre el número de los autoproclamados conservadores y el número mucho más pequeño de los hispanos republicanos representa una brecha importante de oportunidad para el Partido Republicano.

El instinto conservador se refleja en las posturas hispanas en cuanto a un amplio rango de temas políticos y sociales. Una gran mayoría de los votantes hispanos —53,6% a 39,5%— cree que la comunidad hispana debería formar parte de la sociedad estadounidense más que guardar su propia cultura. Dadas las opciones de reducir los impuestos o aumentar los gastos gubernamentales como la mejor manera de hacer crecer la economía, 61,2% estaba a favor de reducir los impuestos mientras que solo un 25,5% apoyaba el aumento de gastos. Más hispanos (47,7%) prefieren estar

cubiertos por un seguro médico privado que por un plan patroci-
nado por el Gobierno (39,8%). Una gran mayoría (52,8%) está en
contra del aborto en vez de a favor (39,8%).

La sólida ética de trabajo, la devoción a la familia y los valores sociales conservadores preponderantes entre los hispanos deberían hacer de ellos republicanos naturales en grandes cantidades
—y muchos menos demócratas. La mayoría son devotamente
religiosos. Un minúsculo 7,7% de adultos hispanos en los Estados
Unidos están divorciados.[16] Los principales imanes que atraen
a los hispanos a los Estados Unidos son el trabajo y el espíritu
emprendedor. El 60% de los votantes hispanos registrados son
dueños de sus casas.

Además, los demócratas normalmente buscan políticas que
son antitéticas a las aspiraciones de los hispanos y otros estadounidenses, al estar a favor del aumento de los impuestos y las
regulaciones para pequeñas empresas y al estar en contra de la
elección escolar. Están dejando tremendas oportunidades para
que los republicanos se ganen los corazones y las mentes de los
votantes hispanos.

Y sin embargo muchos republicanos han probado ser notablemente sordos cuando se trata de cortejar a los votantes hispanos
—a tal punto que ni siquiera los cortejan. Atraer los votos hispa-

nos no requiere abandonar los principios conservadores —por el contrario. Más bien, significa ver a los votantes hispanos como individuos, la mayoría de los cuales estiman intensamente los ideales de nuestra nación. Existe mucha afinidad, si hay una voluntad para encontrarla y buena fe para defenderla.

CÓMO CONECTAR CON VOTANTES HISPANOS E INMIGRANTES

Para ganar los votos hispanos —y aquellos de inmigrantes en general— los republicanos deben enfocarse en sus fortalezas mientras evitan la retórica alienante que los hace aparecer como anti-inmigrantes. Ken Mehlman, estratega político para el presidente George W. Bush en 2004, aconseja que para "ganar los votos hispanos, el Partido Republicano debe ser el partido de aquellos que aspiran al sueño americano".[17]

Aquí hay cuatro estrategias concretas para hacer eso mismo.

1. Olvidemos el problema inmigratorio

Para la mayoría de los hispano-estadounidenses, la inmigración está por debajo de la educación, el trabajo y el cuidado de salud como sus prioridades políticas más importantes.[18] Asombrosamente, muchos hispanos apoyan posturas conservadoras en cuanto a la inmigración. Por ejemplo, 47% de los votantes hispanos en 2004 apoyó la Proposición 204 de Arizona, que requería prueba de ciudadanía para obtener beneficios gubernamentales.[19] Dos años más tarde, el 48% estaba a favor de hacer del inglés el idioma oficial.[20] Más del 70% de los hispanos apoya las leyes para la identificación fotográfica de los votantes.[21]

Lo que les causa rechazo a los votantes hispanos es el tono hostil del debate sobre la inmigración. Cuando los republicanos defienden cercar la frontera con México o suspender los beneficios sociales para los inmigrantes ilegales, a menudo abierta o implícitamente asocian a los inmigrantes mexicanos con el crimen y la asistencia social, un estereotipo que crea un resentimiento comprensible hasta entre las personas que pueden llegar a estar de acuerdo con la esencia de las políticas. De igual modo, la retórica tóxica sobre la "autodeportación" sugiere que ciertos grupos no son bienvenidos. Aunque la inmigración en general no es una prioridad entre los votantes hispanos, el problema es pasar por la puerta: si los republicanos establecen un tono y un mensaje hostil sobre la inmigración, nunca lograrán cruzar el umbral, y otros mensajes con los que se identificarían los hispanos no serán escuchados.

"El problema no es solo la inmigración sino la manera en la que la postura de los intransigentes ha sido tan ofensiva, aun para latinos que están de acuerdo con ellos sobre la necesidad de asegurar la frontera", observa Tamar Jacoby. "Se trata de la insinuación que usas para exponer tus argumentos. Se trata de si estás imaginando o no un futuro compartido, y cuán constructivamente te estás preparando para ese futuro".[22] El encuestador John Zogby está de acuerdo. "Descubrí una cantidad considerable de acuerdo en temas sociales como el aborto, el casamiento gay y las armas", dijo en referencia a un sondeo a pie de urna de 2006 de votantes hispanos, "pero también una fuerte renuencia a votar por un partido que fomenta la Proposición 187 antiinmigrante en California".[23]

De hecho, California muestra lo que puede ocurrir cuando el Partido Republicano adopta una firme postura antiinmigrante sin acercarse a los hispanos de una manera positiva. El alguna vez vibrante partido que envió a dos presidentes republicanos a la Casa Blanca en la segunda mitad del siglo XX ahora está tan moribundo que no tiene ni un funcionario electo a nivel estatal y está en peligro de caer al tercer lugar detrás de los independientes entre los votantes registrados de California. La implosión del partido comenzó con la extremadamente divisiva Proposición 187, que fue promulgada en 1994 justo cuando el número de votantes hispanos en el estado se estaba disparando. Ahora el partido está en un pozo tan profundo que podría ser imposible salir de él. De hecho, el director del Partido Republicano en California, Tom Del Beccaro, puede estar subestimando el caso cuando dice que la "manera en la que se maneja la inmigración a nivel nacional presenta un desafío para los republicanos en California".[24]

Arizona parece estar en peligro de seguir los pasos de California. Aunque ha sido un estado mayormente republicano durante las últimas décadas, los votantes hispanos están creciendo en fuerza electoral y no están contentos con las tendencias nacionalistas del partido del estado. En 2008, los hispanos de Arizona le dieron el 56% de sus votos al candidato presidencial Barack Obama, pero un buen 41% se los dio al senador republicano John McCain, quien defendió la reforma migratoria integral (una posición de la que se retractó dos años más tarde durante una contienda primaria difícil para su asiento en el Senado). En 2012 —siguiendo el emotivo debate sobre el S.B. 1070 de Arizona y las muy publicitadas redadas inmigratorias hechas por el sheriff Joe Arpaio— los hispanos de Arizona favorecieron al presidente Obama por encima de Mitt Romney por un impresionante margen de 80–14%. A diferencia de los hispanos a nivel nacional, los hispanos en Arizona llegaron a considerar que la política inmigratoria era aún más importante que el trabajo y la economía.[25]

Comparar las experiencias de California y Arizona con las de Texas y Florida es revelador. Ambos estados tienen grandes poblaciones hispanas con partidos republicanos prósperos y un gran número de funcionarios electos que son republicanos hispanos. Algunos describirían a Florida como una aberración porque la mayor parte de su población hispana es cubana, una comunidad que tiende a ser más conservadora políticamente. Pero los cubano-americanos más jóvenes se encuentran a una o dos generaciones de las condiciones que llevaron a sus padres y abuelos al Partido Republicano; y Florida también tiene muchos hispanos de otros países latinoamericanos. La mayor parte de la población hispana de Texas es mexicoamericano, y la inmigración ilegal es una seria preocupación a nivel estatal.

Pero a diferencia de Arizona y California, los republicanos en Florida y Texas han tratado los problemas inmigratorios con gran sensibilidad, y se han acercado a los votantes hispanos en temas de interés común como la educación y los emprendimientos. De hecho, mientras el partido nacional adoptaba una plataforma inmigratoria severa en la Convención Nacional Republicana de 2012, la plataforma del Partido Republicano en Texas abandonó la retórica previamente severa y por primera vez hizo un llamado a un programa de trabajadores invitados a nivel nacional.[26] "Desafié a la comisión a que dijera: '¿Cómo se vería una solución conservadora para la inmigración?'" explicó Art Martinez de Vara, el alcalde hispano republicano de Von Ormy, Texas. "En vez de replantear los problemas, decidimos proponer una verdadera solución conservadora".[27] No es de sorprender que, dado el alcance agresivo y el énfasis en valores compartidos, ambos estados hayan elegido republicanos hispanos al senado estadounidense: Cruz en Texas y Rubio en Florida (y anteriormente Mel Martinez).

Aunque a los republicanos en Texas y Florida les va mejor que a sus colegas en otros estados, siguen sin ganarse a los votantes hispanos necesarios para considerarlos estados republicanos a largo plazo. De hecho, los hispanos de Florida abandonaron a Romney en la elección presidencial de 2012, ayudando a entregarle un rico premio electoral al presidente Obama. Similarmente, la demográfica de Texas hará que ese estado sea púrpura en vez de rojo a menos que a los republicanos les vaya mejor con los hispanos. Es decir, aunque los republicanos de Florida y Texas tienen una mejor trayectoria que los republicanos en otros estados, el partido debe hacer un mejor trabajo en todas partes.

El punto esencial es que, además del imperativo nacional por una reforma migratoria integral, el Partido Republicano tiene un importante interés institucional en olvidar el rencor emocional y resolver los problemas inmigratorios a largo plazo. A su vez, es crucial que los republicanos no comprometan los valores centrales necesarios para una política inmigratoria que funcione para los Estados Unidos. Nuestras recomendaciones políticas demuestran que los republicanos pueden defender una reforma migratoria de maneras que son totalmente consistentes con sus ideales. Al hacerlo, quitarán una barrera que impide que los republicanos alcancen de una manera creíble a los hispanos y otros inmigrantes con otros temas en los que comparten fuertes valores centrales.

2. Fomentar la libre empresa y la elección educacional

Como muchos inmigrantes, los hispanos son tremendamente emprendedores y crean un gran número de pequeñas empresas de propiedad familiar. Las condiciones económicas y las políticas de impuestos federales y reguladoras durante los últimos cuatro años no han sido buenas con las pequeñas empresas. Los republicanos deberían traer su mensaje de bajos impuestos y políticas reguladoras moderadas a las comunidades hispanas cuyo futuro económico depende de tales políticas.

En particular, las leyes reguladoras a menudo afectan desproporcionadamente a las empresas hispanas que tienden a operar de manera informal. Los republicanos deberían defender zonas para empresas, la desregularización de entrada a ocupaciones y los negocios que requieren pocas habilidades y poco capital, y reducir los impuestos comerciales. Más importante aún, deberían buscar la participación de líderes de empresas y comunidades hispanas para identificar y erradicar las barreras a las empresas. Mientras los demócratas continúan agravando los riesgos intrínsecos de las pequeñas empresas al agregar impuestos y regulaciones a todo nivel gubernamental, los republicanos deberían mostrarse como defensores apasionados de las pequeñas empresas.

Ningún tema resuena con más fuerza entre los hispanos que la educación. Y con razón: casi la mitad de los hispanos —más que cualquier otro grupo étnico— tiene hijos en la escuela o por empezar.[28] Los hispanos, en especial los de bajos recursos, están desproporcionadamente asignados a escuelas públicas de bajo rendimiento. Como resultado, los hispanos son participantes activos en los programas de elección escolar.

Aunque la elección de una escuela pública es cada vez más

un asunto bipartidista y un manojo de demócratas han apoyado algunas formas de elección de escuelas privadas, los sindicatos de maestros son una fuerza tan poderosa en el Partido Demócrata que muchos funcionarios, incluyendo aquellos que representan a votantes que desesperadamente necesitan oportunidades educacionales más amplias, no están dispuestos a apoyar la elección escolar y otras reformas educativas sistémicas. Esta es una cruz que cargan muchos candidatos demócratas y funcionarios. Tanto como un tema de imperativa moral como de oportunidad política, los republicanos deben fomentar enardecidamente la elección escolar y llevar su mensaje a las comunidades hispanas.

Las encuestas de opinión pública muestran de manera consistente que la educación es un tema de alta prioridad para los votantes hispanos, y que los hispanos apoyan la elección escolar más firmemente que otros grupos. Una encuesta de 2012 para la Federación Americana por los Niños (American Federation for Children) y el Consejo Hispano para la Reforma y las Opciones Educativas (Hispanic Council for Reform and Educational Options) determinó que dos tercios de los hispanos consideraban que la elección escolar es una fuerza positiva para la educación.[29] El apoyo hispano se extiende a todas las formas de elección escolar, incluyendo becas escolares (69% a favor versus 29% en contra), becas para necesidades especiales (80 a 16%), créditos fiscales para becas en escuelas privadas (71 a 26%), cuentas de ahorro educacionales (70 a 26%) y escuelas chárter (62 a 25%).[30] El apoyo es aún mayor entre los padres hispanos, que favorecen becas escolares por un margen de 77 a 22%.[31] Una encuesta previa determinó que el tema tiene una prominencia política mayor para los votantes hispanos, dado que tres cuartas partes de los padres hispanos estarían interesados en participar en un programa de elección escolar.[32] No es de sorprender, entonces, que casi dos tercios de los hispanos hayan dicho que era más probable —y un tercio mucho más probable— que votaran por un candidato que apoya la elección escolar.[33] Por otro lado, 59% de los demócratas hispanos, 62% de los republicanos y un impresionante 74% de los independientes se opondría a un candidato que estuviera en contra de la elección escolar.[34] Lo más importante para los republicanos es que los votantes hispanos dijeron por un margen de 70 a 20% que se pasarían a otro partido para votar en contra de un candidato que se oponga a la elección escolar.[35]

Acercarse a los votantes hispanos en cuanto a la empresa y la educación no es complacerlos. Se trata de hacer una causa común de temas centrales que los republicanos y los hispanos comparten. Las buenas políticas hacen buena política. Los demócratas nunca estarán tan a favor de las empresas y la elección escolar como los republicanos. Forjar una alianza aumenta las posibilidades de tener éxito en esos temas importantes y demuestra que a los republicanos les importan los temas de mayor preocupación para los hispanos. Es una combinación ganadora.

3. Comprender la religión

Ciertamente, las características más importantes que comparten los conservadores y los hispanos son los valores religiosos y familiares. Los hispanos tienden a ser profundamente religiosos, practican formas conservadoras de la cristiandad y están influenciados políticamente por su religión.

Dos importantes estudios durante la última década —uno producido en conjunto con el Pew Hispanic Center y el Pew Forum on Religion & Public Life y otro por el Instituto para Estudios Latinos de la Universidad de Notre Dame— revelaron un gran descubrimiento en la práctica y la influencia de la religión dentro de las comunidades hispanas estadounidenses. Más de dos tercios de los hispanos son católicos, mientras que el 15% son protestantes. Solo el 8% de los hispanos son ateos, agnósticos o no están afiliados a una iglesia.[36] La mayoría de los hispanos reza todos los días y va a la iglesia por lo menos una vez al mes. Son más de dos veces más propensos a decir que la religión es muy importante en sus vidas que otros estadounidenses. Casi la mitad de los hispanos católicos creen que la Biblia es la palabra literal de Dios —más del doble del índice de los católicos blancos.[37]

Lo que más llama la atención sobre las creencias religiosas hispanas es su apego a las fes "renovadoras" —pentecostal, evangélica y carismática. Más de la mitad de los hispanos católicos y protestantes se describen en tales términos, comparados con solo el 10% de los católicos no hispanos y el 20% de los protestantes.[38] Además, la conversión al protestantismo entre hispanos en los Estados Unidos es grande y está creciendo: solo uno de cada seis hispanos de primera generación es protestante, mientras que casi uno de cada seis hispanos de segunda y tercera generación son protestantes.[39]

Dos tercios de los hispanos dicen que sus creencias religiosas son una influencia importante en sus ideas políticas. Entre los evangélicos, el 86% dice que sus creencias religiosas son una influencia importante en este respecto, y el 62% dice que son "muy importantes".[40] Sin embargo, las iglesias o los líderes religiosos le han pedido participar en algún tema político a menos de uno de cada cuatro hispanos, lo cual sugiere un potencial de movilización considerable sin explotar.[41]

La religiosidad entre los hispanos ejerce influencias ideológicas fuertes: entre los hispanos católicos que van a la iglesia al menos una vez por semana, el 36% es conservador y solo el 18% es liberal; entre los evangélicos, el 46% es conservador y solo el 10% es liberal.[42] Es de notar que, mientras los hispanos, como un todo, son más propensos a oponerse al aborto y el casamiento gay que los no hispanos, la primera generación de hispanos es más conservadora en cuanto a esos temas que la tercera generación.[43]

Pero una vez más, el conservadurismo entre los hispanos religiosos no se ha traducido a afiliaciones partisanas republicanas. Los demócratas superan en cantidad a los republicanos por 55 a 18% entre los hispanos católicos, comparado con 39 a 32% de ventaja republicana entre los católicos no hispanos. Mientras los hispanos evangélicos se encuentran divididos equitativamente entre republicanos y demócratas, los republicanos superan en cantidad a los demócratas dos a uno entre los evangélicos no hispanos.[44]

Esos resultados reflejan enormes oportunidades de crecimiento para los republicanos. Obviamente, una gran parte de los

éxitos electorales republicanos desde 1980 es atribuye a la movilización de los votantes religiosos, en particular los evangélicos. Los
republicanos deberían hacer un esfuerzo similar por conectarse
con los hispanos mediante la fe religiosa y los valores morales. En
particular, dado el tremendo apego entre los hispanos y sus familias, las políticas que están a favor de la familia están a favor de
los hispanos. Ese es un mensaje importante que los republicanos
necesitan comunicar, y con el cual pueden crear una causa común
con los hispanos.

4. Acercarse de verdad

Por un margen de más de tres a uno, los votantes hispanos creen
que los demócratas tienen más contacto con sus comunidades que
los republicanos.[45] Mientras esa percepción se mantenga, los republicanos enfrentarán un camino cuesta arriba para atraer a los
votantes hispanos, aun si se alinean sus puntos de vista en temas
importantes.

Los esfuerzos que presentan a "coordinadores hispanos comprometidos con las comunidades" aislados, haciendo apelaciones
superficiales están condenados a fallar. Los republicanos deben
comprometerse de manera profunda y prolongada a los hispanos

como compañeros en busca del sueño americano. Deben llevar sus mensajes a las comunidades hispanas, directa y persistentemente, y reclutar y aceptar a los candidatos hispanos en contiendas electorales significativas.

Específicamente, los republicanos deberían reclutar activamente a candidatos hispanos capacitados, y miembros de otros grupos inmigrantes, para postularse para cargos públicos locales y estatales. Esas son las posiciones que están más cerca de las comunidades inmigrantes, y crean un marco fuerte para puestos más altos. Los gobernadores republicanos deberían nombrar una diversidad de hombres y mujeres a posiciones de responsabilidad en la rama ejecutiva, a las juntas y las comisiones y al poder judicial. Los candidatos republicanos deberían hacer campaña en las comunidades de minorías y comenzar temprano con esfuerzos eficaces y prolongados. En funciones, los funcionarios republicanos deberían mantener relaciones cercanas con las comunidades de minorías y trabajar de cerca con los líderes de las comunidades para desarrollar apoyo básico para la legislación de temas de interés mutuo.

Ciertas investigaciones revelan que los hispanos son más propensos a votar por el Partido Demócrata si están en distritos altamente demócratas.[46] En años recientes, utilizando la Ley de

Derecho de Voto (Voting Rights Act) y las manipulaciones típicas, los republicanos han fomentado cínicamente distritos electorales con una fuerte minoría en un intento por crear distritos republicanos seguros. El aislamiento engendra la hostilidad. Los republicanos deben directamente involucrar a los hispanos si tienen alguna esperanza de ganarse sus votos, lo cual quiere decir integración en vez de segregación de los distritos electorales.

El actual dilema republicano fue claramente predecible. Como bien advirtió el ex director del Comité Republicano Nacional, Mel Martinez, hace más de cinco años: "Creo que habría riesgos políticos muy grandes al convertirse en el partido de la exclusión, y no el partido de inclusión".[47]

Tenía razón. Los republicanos enfrentarán una base cada vez más pequeña —y al final la extinción— si continúan alienando a los votantes que perdieron en gran cantidad en 2012, incluyendo a las mujeres solteras, los negros y los gays. Pero nada es más inexplicable que el fracaso de los republicanos en acercarse a los inmigrantes en general, y a los hispanos en particular, dado que aprecian los ideales tradicionales estadounidenses. ¿Cómo vamos a salvar nuestro país si no es por los recién llegados que llegan aquí por su devoción a esos ideales?

Los republicanos deberían ser eco de las aspiraciones de los

hispanos y otros inmigrantes. La experiencia inmigratoria estadounidense es la historia con más aspiraciones que se haya con-
tado jamás. Los inmigrantes dejaron todo lo que les era conocido
y arriesgaron todo para venir aquí y brindarles una mejor vida a
sus familias, precisamente porque creyeron que eso era posible
aquí y no en otra parte. De hecho, aceptar los ideales llenos de
aspiraciones de los inmigrantes puede ayudar a traer un resurgi-
miento necesario del excepcionalismo estadounidense. En esto,
los republicanos tienen un mensaje ganador y una historia para
apoyarlo. Es el partido del pequeño negocio, de la elección escolar,
de los valores familiares, del excepcionalismo estadounidense.
Cuando escuchamos idiomas extranjeros en nuestras calles, es
una confirmación de la visión republicana de los Estados Unidos
—crear un país donde la gente quiera venir a vivir su vida y criar
su familia.

Sin importar cómo se resuelva el actual debate inmigratorio,
los recién llegados y sus hijos continuarán aportando a nuestra
población. La mayoría de los inmigrantes está atraída por los
Estados Unidos, no por nuestro estado benefactor, sino por la promesa de oportunidad. Eso es cierto de los hispanos, quienes ejemplifican los valores tradicionales republicanos de trabajo duro,
emprendimiento, educación, familia y creencia en Dios. Puede que

no sean republicanos naturales, pero muchos, sino la mayoría, están abiertos a votar por ellos. Dadas las tendencias demográficas que la política inmigratoria no podrá revertir, el Partido Republicano necesita atraer todos los votantes hispanos que pueda. Aunque la tarea es difícil, los republicanos pueden encontrar un gran consuelo en el hecho de que atraer los votos hispanos no significa abandonar sus principios básicos, sino aceptarlos.

NOTAS

CAPÍTULO UNO: UNA PROPUESTA PARA UNA
REFORMA MIGRATORIA

1. Informe de la fuerza especial CFR, pág. 76.

2. Darrell M. West, *Brain Gain* (Washington, DC: Brookings Institution Press, 2010), págs. 103–104.

3. North Star Opinion Research, "National Survey of Registered Voters Regarding Immigration", 24–26 de septiembre de 2012.

4. West, *Brain Gain*, pág. 138.

5. Ibídem, pág. 100.

6. Jeff Jacoby, "To Resolve Immigration Debate, Broaden It— And Abolish Antiquated Quotas", *Boston Globe*, 8 de julio de 2012.

7. Roger Daniels, *Guarding the Golden Door* (Nueva York: Hill & Wang, 2004), pág. 265.

8. Edward Alden, *The Closing of the American Border* (Nueva York: Harper, 2008), conclusión.

9. Ibídem, capítulo 8.

10. Ibídem

11. Jacoby, "To Resolve Immigration Debate".

12. West, *Brain Gain,* pág. 34.

13. Office of Immigration Statistics, "Persons Obtaining Legal Permanent Resident Status By Type and Major Class of Admission: Fiscal Years 2002 to 2011".

14. http://en.wikipedia.org/wiki/Diversity_Immigration_Visa.

15. European Council Directive 2003/86/EC, 22 de septiembre de 2003.

16. Ian Johnson, "Wary of Future, Professionals Leave China in Record Numbers", *New York Times,* 1 de noviembre de 2012, pág. A1.

17. West, *Brain Gain,* págs. 130–31.

18. Comentarios de Caroline Hoxby, Hoover Institution Legal Immigration Conference.

19. Informe del cuerpo especial CFR, pág. 86.

20. Comentarios de George Borjas, Hoover Institution Legal Immigration Conference.

21. West, *Brain Gain,* pág. 120.

22. Informe del cuerpo especial CFR, págs. 66–67.

23. Ver Peter Skerry, "Many Borders to Cross: Is Immigration the Exclusive Responsibility of the Federal Government?", *Publius: The Journal of Federalism* (Verano 1995), pág. 74.

24. Comentarios de George Borjas, Conferencia de Hoover Institution sobre la inmigración ilegal.

25. Ver Wendy Zimmerman y Karen C. Tumlin, "Patchwork Policies: State Assistance for Immigrants Under Welfare Reform", Urban Institute Occasional Paper No. 24 (1999).

26. Julia Preston, "Program Tracks Arrests in Group of Immigrants", *New York Times,* 1 de agosto de 2012.

27. Informe del cuerpo especial CFR, págs. 73–74.

28. Alden, *The Closing of the American Border,* capítulo 8.

29. *Gonzalez v. State of Arizona,* No. 08-17094 (9th Cir. 17 de Abr. de 2012) (en banc).

30. Tamar Jacoby, "Immigration Reform: The Utah Path", *Los Angeles Times,* 25 de marzo de 2011.

31. W. Randall Stroud, "Acknowledging a Historic Migration", *Raleigh News & Observer,* 4 de abril de 2012.

32. Ver Daniel Gonzalez, "For Some, GED Now Seen as Key to Avoiding Deportation", *Arizona Republic,* 12 de agosto de 2012.

33. West, *Brain Gain,* pág. 111.

34. "A Solution, This Isn't", Yellow Sheet Report, 19 de junio de 2012.

35. Douglas S. Massey, "America Is Losing as Many Illegal Immigrants As It's Gaining", Reuters.com blog, 12 de abril de 2012.

36. Pew Hispanic Center, "Modes of Entry for the Unauthorized Migrant Population", 22 de mayo de 2006.

37. Randal C. Archibold y Damien Cave, "Numb to Carnage, Mexicans Find Diversions and Life Goes On", *New York Times,* 16 de mayo de 2012, págs. A1 y A3.

38. June S. Beittel, "Mexico's Drug Trafficking Organizations: Source and Scope of the Rising Violence", Congressional Research Service Report, 3 de agosto de 2012, pág. 4.

39. Ibídem, pág. 10.

40. Ibídem, pág. 14.

41. Richard A. Serrano, "Firearms From ATF Sting Linked to 11 More Violent Crimes", *Los Angeles Times,* 17 de agosto de 2011.

42. "Mexican Drug War", Wikipedia.com.

43. Sebastian Rotella, "The New Faces of Illegal Immigration", *Arizona Republic,* 6 de diciembre de 2012, pág. A1.

44. West, *Brain Gain,* pág. 112.

45. Alden, *The Closing of the America Border,* capítulo 8.

46. West, *Brain Gain,* pág. 113.

47. "Homeland Security in Charge of 50 National Parks?", American FreedomByBarbara.com, 25 de abril de 2012.

48. Beittel, "Mexico's Drug Trafficking Organizations", pág. 34.

49. Alden, *The Closing of the American Border,* capítulos 7 y 8.

50. Jennifer Lynch, "From Fingerprints to DNA: Biometric Data Collection in U.S. Immigrant Communities and Beyond", Immigration Policy Center Special Report, mayo de 2012, pág. 4.

51. Ibídem, pág. 3.

52. Ibídem, pág. 6.

53. Ibídem, pág. 9.

54. *U.S. v. Jones,* 132 S.Ct. 945 (2012).

55. Informe del cuerpo especial CFR, pág. 97.

56. Ver Daniel Gonzalez, "A Long and Stressful Journey to Citizenship", *Arizona Republic,* 21 de octubre de 2012, pág. A1.

57. Gregory Korte, "Americans Put to Shame By Immigrants on Sample Civics Test", *USA Today,* 26 de abril de 2012.

58. U.S. Department of Education, "The Next Generation of Civics Education: Remarks of U.S. Secretary of Education Arne Dun-

can at the iCivics 'Educating for Democracy in a Digital Age' Conference", 29 de marzo de 2011.

59. Citado en Sohrab Ahmari, "The Civics Crisis: Both Reformers and the Educational Establishment Should Focus on What Makes America Great", *City Journal*, 4 de noviembre de 2011, reseñando David Feith, ed., *Teaching America: The Case for Civic Education* (2011).

60. "The Next Generation of Civics Education: Remarks of Secretary Arne Duncan".

61. Reportado en David S. Broder, "One Nation No More? Civics Needs a Boost, But Our Identity Endures", *Washington Post*, 3 de julio de 2008.

CAPÍTULO DOS: EL IMPERATIVO INMIGRATORIO

1. Jessica Bruder, "A Start-Up Incubator That Floats", *New York Times*, 25 de septiembre de 2012.

2. Associated Press, "Silicon Dreams: Plans Revealed for Floating City Off Coast of California to House Entrepreneurs Who Don't Have Visas", *Daily Mail*, 16 de diciembre de 2011.

3. James K. Glassman, "Introduction: We Can Do It", en Brendan Miniter, ed., *The 4% Solution: Unleashing the Economic Growth America Needs* (Nueva York: Crown Business, 2012), págs. xv–xvi.

4. Ibídem, págs. xvii–xx.

5. Gary S. Becker, "When Illegals Stop Crossing the Border", en Miniter, ed., *The 4% Solution*, pág. 243.

6. Pia M. Orrenius y Madeline Zavodny, "Immigration and Growth", en Miniter, ed., *The 4% Solution*, pág. 246.

7. http://www.vdare.com/articles/vdarecom-094016-hoover-institu
   tion-hoover-digest-1998-no-2-interview-by-peter-brimelow-milt.

8. Lee Kuan Yew, "Warning Bell for Developed Countries: Declin-
   ing Birth Rates", Forbes.com, 7 de mayo de 2012.

9. Federico D. Pascual Jr., "Grim Facts on Low Population
   Growth", *Philippine Star,* 12 de agosto de 2012.

10. Ben Wattenberg, "What's Really Behind the Entitlement Crisis",
    Wall Street Journal, 12 de julio de 2012.

11. Shari Roan, "Drop in U.S. Birth Rate is Biggest in 30 Years",
    Los Angeles Times, 31 de marzo de 2011.

12. Population Reference Bureau, ficha de datos: "The Decline in
    U.S. Fertility", http://www.prb.org/Publications/Datasheets/2012/
    world-population-data-sheet/fact-sheet-us-population.aspx.

13. Barry Elias, "Low Birth Rate Threatens Social Security and
    Medicare", *Moneynews,* 27 de julio de 2012.

14. Comentarios de Robert Topel, Conferencia de Hoover Institu-
    tion sobre la inmigración ilegal en los Estados Unidos, 4–5 octu-
    bre de 2012.

15. Roger Daniels, *Guarding the Golden Door: American Immi-
    gration Policy and Immigrants Since 1882* (Nueva York: Hill &
    Wang, 2004), pág. 265.

16. Citado en Ibídem, pág. 266.

17. Darrell M. West, *Brain Gain: Rethinking U.S. Immigration
    Policy* (Washington, DC: Brookings Institution Press, 2010),
    pág. 10.

18. Federal Reserve Bank de Dallas, "U.S. Immigration and Eco-
    nomic Growth: Putting Policy on Hold", *Southwest Economy*
    (noviembre/diciembre de 2003), pág. 4.

19. RAND Corporation, "RAND Study Shows Relatively Little Public Money Spent Providing Health Care to Undocumented Immigrants", comunicado de prensa, 14 de noviembre de 2006.

20. West, *Brain Gain,* pág. 10.

21. Ibídem, pág. 11.

22. Daniel Gonzalez, "In 2 Years, a Sea Change in Migrant Law, Politics", *Arizona Republic,* 23 de abril de 2012, pág. A4.

23. West, *Brain Gain,* pág. 38.

24. Ibídem, pág. 12.

25. Tamar Jacoby, "A Price Tag in the Billions", *New York Times*, Symposium: Could Farms Survive Without Illegal Labor?, 17 de agosto de 2011.

26. Daniel Trotta y Tom Bassing, "In Alabama, Strict Immigration Law Sows Discord", Reuters.com, 30 de mayo de 2012.

27. Tamar Jacoby, "Immigration After the SB 1070 Ruling", *Los Angeles Times,* 26 de junio de 2012.

28. Gigi Douban y Margaret Newkirk, "Refugees Fill Jobs After Alabama Passes Strict Migrant Law", AZStarnet.com, 25 de septiembre de 2012.

29. Craig J. Regelbrugge, "The Farm Labor Crisis: Imagined, or Real?", CNBC.com, 26 de septiembre de 2012.

30. West, *Brain Gain,* pág. 15.

31. Fiscal Policy Institute, "Immigrant Small Business Owners: A Significant and Growing Part of the Economy", junio de 2012, pág. 1.

32. Barry C. Lynn y Lina Khan, "Out of Business: Measuring the Decline of American Entrepreneurship", New America Foundation, 10 de julio de 2012, pág. 3.

33. Ali Noorani, "New American Immigrants Hold the Key to Economic Growth", *National Journal,* 21 de septiembre de 2012.

34. Fiscal Policy Institute, "Small Business Owners", pág. 1.

35. Ibídem, págs. 2–3.

36. Citado en Radley Balko, "The El Paso Miracle", Reason.com, 6 de julio de 2009.

37. Ver, p. ej., Daniel Griswold, "Higher Immigration, Lower Crime", *Commentary,* diciembre de 2009.

38. Michael R. Bloomberg, "Obama, Romney Immigration Silence Hurts Economy", Bloomberg.com, 13 de agosto de 2012.

39. West, *Brain Gain,* pág. 12.

40. Jeb Bush y Thomas F. McLarty III, directores, Edward Alden, director del proyecto, *U.S. Immigration Policy* (Nueva York: Council on Foreign Relations, 2009), pág. 10 (Informe del cuerpo especial CFR).

41. Ibídem, pág. 13.

42. Ibídem, pág. 11.

43. Ibídem, págs. 13–14.

44. Pew Research Center, "Opinion of U.S. Improving", 20 de junio de 2012, pág. 9.

45. Population Reference Bureau, Fact Sheet: "The Decline in U.S. Fertility", http://www.prb.org/Publications/Datasheets/2012/world-population-data-sheet/fact-sheet-us-population.aspx.

46. Pew Research Center, "The Mexican-American Boom: Births Overtake Immigration", 14 de julio de 2011, pág. 5.

47. Linda Chavez, "Drop in Illegal Immigration Opens Door for Real Reform", *Jewish World Review,* 15 de julio de 2011.

48. West, *Brain Gain,* pág. 6.

49. Edward Alden, *The Closing of the American Border: Terrorism, Immigration and Security Since 9/11*, e-book ed. (Nueva York: HarperCollins, 2008), conclusión.

50. Pew Research Center, "The Mexican-American Boom", pág. 3.

51. Jeffrey Passel, D'Vera Cohn y Ana Gonzalez-Barrera, "Net Migration from Mexico Falls to Zero—and Perhaps Less", Pew Hispanic Center, 23 de abril de 2012, pág. 6.

52. West, *Brain Gain*, pág. 130.

53. Informe del cuerpo especial CFR, pág. 17.

54. Brad Smith, "How to Reduce America's Talent Deficit", *Wall Street Journal*, 19 de octubre de 2012, pág. A13.

55. Alden, *The Closing of the American Border*, introducción.

56. Citado en Alden, *The Closing of the American Border*, introducción.

57. Citado en Ibídem, capítulo 1.

58. Ibídem, capítulo 6.

59. Informe del cuerpo especial CFR, pág. 3.

60. Alden, *The Closing of the American Border*, capítulo 1.

61. West, *Brain Gain*, pág. 129.

62. Vivek Wadhwa, AnnaLee Saxenian, Ben Rissing y Gary Gereffi, "America's New Immigrant Entrepreneurs: Part I", Duke Master of Engineering Management Program y UC Berkeley School of Information (4 de enero de 2007), pág. 4 (henceforth "Duke/Berkeley Study").

63. Citado en Connie Griglialmo, "How Jobs Created Jobs", *Forbes*, 20 de agosto de 2012, págs. 38–39.

64. West, *Brain Gain*, pág. 6.

65. Informe del cuerpo especial CFR, pág. 15.

66. Alden, *The Closing of the American Border,* conclusión.

67. West, *Brain Gain*, pág. 37.

68. Comentarios de J. P. Conte, Conferencia de Hoover Institution sobre la inmigración ilegal.

69. Matthew J. Slaughter, "How Skilled Immigrants Create Jobs", *Wall Street Journal,* 21 de junio de 2012, pág. A17.

70. James, "1 Million Skilled Workers Stuck in 'Immigration Limbo.'"

71. "People Power", *Economist,* 20 de octubre de 2012, reseñando Vivek Wadhwa y Alex Salkever, *The Immigrant Exodus: Why America Is Losing the Global Race to Capture Entrepreneurial Talent* (2012).

72. Vivek Wadhwa, Ben Rissing, AnnaLee Saxenian y Gary Gereffi, "America's New Immigrant Entrepreneurs, Part II", Duke Master of Engineering Management Program, University of California, Berkeley, School of Information y Marion Ewing Kauffman Foundation, 11 de junio de 2007, pág. 3.

73. West, *Brain Gain,* pág. 23.

74. Orrenius y Zavodny, "Immigration and Growth", pág. 254.

75. "The Chilecon Valley Challenge: In the War for Talent, America Can Learn a Lot From Chile", *Economist,* 13 de octubre de 2012.

76. Bloomberg, "Obama, Romney Immigration Silence Hurts Economy".

77. Informe del cuerpo especial CFR, pág. 16.

78. "The Chilecon Valley Challenge".

79. Alexandra Starr, "Incubating Ideas in the U.S., Hatching Them Elsewhere", *Wall Street Journal,* 11 de septiembre de 2012, pág. A13.

80. Kirk Semple, "Many U.S. Immigrants' Children Seek American Dream Abroad", *New York Times,* 15 de abril de 2012.

81. Informe del cuerpo especial CFR, pág. 53.

82. Alden, *The Closing of the American Border,* capítulo 5.

83. Ibídem, capítulo 6.

84. Ibídem, introducción.

85. West, *Brain Gain,* pág. 37.

86. Robert Zubrin, "Towards An Intelligent Immigration Policy", *National Review Online,* 12 de noviembre de 2012.

87. Alden, *The Closing of the American Border,* capítulo 6.

88. Bloomberg, "Obama, Romney Immigration Silence Hurts Economy".

89. Becker, "When Illegals Stop Crossing the Border", pág. 244.

CAPÍTULO TRES: LA LEY

1. Informe del cuerpo especial CFR, pág. 5.

2. Federation for American Immigration Reform, "The Cost to Local Taxpayers for Illegal Aliens", 2008, pág. 1.

3. West, *Brain Gain,* pág. 10.

4. Ver Immigration Policy Center, "Breaking Down The Problems: What's Wrong With Our Immigration System?", octubre de 2009, pág. 9.

5. *Arizona v. United States,* No. 11-182, slip op. (U.S. Junio 25, 2012) (Scalia, J., dissenting), pág. 25.

6. Ver Clint Bolick, "Mission Unaccomplished: The Misplaced Priorities of the Maricopa County Sheriff's Office", Goldwater Institute Policy Report No. 229, 2 de diciembre de 2008.

7. Miriam Jordan, "Immigration-Policy Details Emerge", *Wall Street Journal,* 3 de agosto de 2012.

8. Tamar Jacoby, "Obama's Executive Order Is Good News, But Not the Solution", USNews.com, 19 de junio de 2012.

9. Ver, p. ej., Julia Preston, "Obama to Push Immigration Bill as One Priority", *New York Times,* 9 de abril de 2009.

10. "A Solution, This Isn't", *Yellow Sheet Report,* 19 de junio de 2012.

11. Gonzalez, "In 2 Years, A Sea Change", pág. A1.

12. Douglas S. Massey, "America Is Losing As Many Illegal Immigrants As It's Gaining", Reuters.com blog, 12 de abril de 2012.

13. Tamar Jacoby, "We're All Arizonans Now—The Fallout of SB 1070", *U.S.-Mexico Futures Forum* (Primavera–Verano 2010), pág. 25.

14. Informe del cuerpo especial CFR, pág. 7.

15. Testimonio de Tamar Jacoby ante la Comisión del Senado de los Estados Unidos sobre el Poder Judicial, 26 de julio de 2005, págs. 4–5.

16. Federal Reserve Bank de Dallas, "U.S. Immigration and Economic Growth", pág. 4.

17. Robert Zubrin, "Towards an Intelligent Immigration Policy", *National Review Online,* 12 de noviembre de 2012.

CAPÍTULO CUATRO: UN DEBATE PERDURABLE

1. Citado en Roger Daniels, *Coming to America: A History of Immigration and Ethnicity in American Life,* 2nd ed. (Nueva York: Harper Perennial, 2002), págs. 109–10. Franklin luego modificó

sus puntos de vista y apoyó a la inmigración europea; Daniels, *Guarding the Golden Door*, pág. 9.

2. Daniels, *Coming to America*, págs. 114–15.

3. Walter A. Ewing, "Opportunity and Exclusion: A Brief History of U.S. Immigration Policy", Immigration Policy Center, enero de 2012, pág. 3.

4. Daniels, *Guarding the Golden Door*, pág. 9.

5. *Passenger Cases*, 48 U.S. 283 (1849).

6. *Henderson v. Mayor of New York*, 92 U.S. 259 (1875).

7. Daniels, *Guarding the Golden Door*, págs. 9–11.

8. Ibídem, pág. 12.

9. Ewing, *Opportunity and Exclusion*, pág. 3.

10. Ibídem, págs. 3–4.

11. Daniels, *Guarding the Golden Door*, pág. 28.

12. Vincent J. Cannato, "Our Evolving Immigration Policy", *National Affairs,* otoño de 2012, págs. 115–16.

13. Alden, *The Closing of the American Border*, capítulo 2; Daniels, *Guarding the Golden Door*, pág. 29.

14. Ewing, *Opportunity and Exclusion*, pág. 4.

15. Daniels, *Guarding the Golden Door,* pág. 69.

16. Ibídem, págs. 26 y 36.

17. *Yick Wo v. Hopkins,* 118 U.S. 356, 370 (1886).

18. Ver Clint Bolick, *Death Grip: Loosening the Law's Stranglehold Over Economic Liberty* (Stanford, CA: Hoover Institution Press, 2011), págs. 45–76.

19. Daniels, *Coming to America*, págs. 160–61.

20. *Meyer v. Nebraska*, 262 U.S. 390 (1923); *Pierce v. Society of*

Sisters, 268 U.S. 510 (1925); *Farrington v. Tokushige*, 273 U.S. (1927).

21. Daniels, *Guarding the Golden Door*, pág. 59.

22. Daniels, *Coming to America*, págs. 300–301.

23. Ewing, *Opportunity and Exclusion*, págs. 4–5.

24. Ibídem, pág. 5; Daniels, *Guarding the Golden Door*, págs. 90–91.

25. Ewing, *Opportunity and Exclusion*, pág. 5.

26. Senador Pat McCarran, *Congressional Record*, 2 de marzo de 1953, pág. S1518.

27. Daniels, *Coming to America*, págs. 373–75.

28. Ewing, *Opportunity and Exclusion*, págs. 5–6.

29. Cannato, "Our Evolving Immigration Policy", pág. 122.

30. Daniels, *Guarding the Golden Door*, pág. 137.

31. Alden, *The Closing of the American Border*, capítulo 2.

32. Ewing, *Opportunity and Exclusion*, pág. 6.

33. Ibídem, pág. 6.

34. Ibídem, págs. 6–7.

35. Alden, *The Closing of the American Border*, capítulo 2.

36. Ibídem

37. Ibídem, introducción.

38. Ewing, Alden *Opportunity and Exclusion*, pág. 7.

39. Alden, *The Closing of the American Border*, introducción y capítulo 3.

40. Ibídem, capítulo 7.

41. Informe del cuerpo especial CFR, págs. 53–54.

42. Ibídem, pág. 76; West, *Brain Gain*, pág. 52.

43. Daniels, *Guarding the Golden Door*, pág. 236.

44. Alden, *The Closing of the American Border*, capítulo 2.

45. Sabrina Tavernise, "Whites Account for Under Half of Births in U.S.", *New York Times,* 17 de mayo de 2012, pág. A1.

46. Miriam Jordan, "Asians Top Immigration Class", *Wall Street Journal,* 18 de junio de 2012.

47. Jeffrey S. Passel y D'Vera Cohn, "U.S. Foreign-Born Population: How Much Change From 2009 to 2010?", Pew Research Center, 9 de enero de 2012, pág. 1.

CAPÍTULO CINCO: LA DIMENSIÓN HUMANA

1. Robert J. Samuelson, "The American Dream's Empty Promise", *Washington Post,* 23 de septiembre de 2012.

2. Marco Rubio, "Rubio Addresses the National Association of Latino Elected and Appointed Officials", 22 de junio de 2012, pág. 3.

3. Entrevista de Nina Shokraii Rees por Clint Bolick, 5 de diciembre de 2012.

4. Entrevista de Laura Osio Khosrowshahi por Clint Bolick, 16 de octubre de 2012.

5. Richard Ruelas, "A Home and a Future", *Arizona Republic,* 18 de noviembre de 2012, págs. A1 y A18–A19.

6. "Deferred Action Immigration Event Draws Thousands of DREAMers on First Day", HuffingtonPost.com, 15 de agosto de 2012.

7. "Benita Veliz Speech Marks First Remarks From DREAMer at Democratic National Convention", HuffingtonPost.com, 6 de septiembre de 2012.

8. Entrevista de Annette Poppleton por Clint Bolick, 19 de octubre de 2012.

9. Entrevista de Faithful Okoye por Clint Bolick, 17 de octubre de 2012.

10. Entrevista de Julie Erfle por Clint Bolick, 18 de octubre de 2012.

11. "Illegal Immigrant Responsible for Death of Police Officer", tucsonnewsnow.com, 19 de septiembre de 2007.

12. Brian Solomon, "The Optimist", *Forbes*, 24 de septiembre de 2012, pág. 122.

CAPÍTULO SEIS: LA INMIGRACIÓN Y LA EDUCACIÓN

1. Michael Noer, "Reeducating Education", *Forbes*, 19 de noviembre de 2012, pág. 86.

2. Veronique DeRugy, "Losing the Brains Race: America Is Spending More Money on Education While Producing Worse Outcomes", *Reason*, marzo de 2011.

3. Michael Brendan Dougherty, "If America Spends More Than Most Countries Per Student, Then Why Are Its Schools So Bad", businessinsider.com, 7 de enero de 2012.

4. Matthew Ladner y Lindsey M. Burke, "Closing the Racial Achievement Gap: Learning From Florida's Reforms", Heritage Foundation Backgrounder, 17 de septiembre de 2010, pág. 3.

5. Miriam Jordan, "Immigrant Children Lag Behind, Posing Risk", *Wall Street Journal*, 13 de junio de 2012.

6. Mark Hugo Lopez, "Latinos and Education: Explaining the Attainment Gap", Pew Hispanic Center, 7 de octubre de 2009.

7. Lance T. Izumi, "The Bilingual Debate: English Immersion", *New York Times*, 28 de septiembre de 2008.

8. Ladner y Burke, "Closing the Racial Achievement Gap", pág. 2.

9. Ibídem, pág. 5.

10. Ibídem, págs. 7–8.

11. Ibídem, pág. 7.

12. Ver James Tooley, *From Village School to Global Brand: Changing the World Through Education* (Londres: Profile Books, 2012); Jay Mathews, *Work Hard. Be Nice. How Two Inspired Teachers Created the Most Promising Schools in America* (Chapel Hill, NC: Algonquin Books, 2009).

13. Clint Bolick, "Charter Schools Transforming Educational Landscape", www.goldwaterinstitute.com, 7 de noviembre de 2012.

14. Ibídem

15. Noer, "Reeducating Education", pág. 84.

16. Ver Clint Bolick, "The Future of School Choice", *Defining Ideas*, Hoover Institution, 18 de octubre de 2012.

POSDATA: UNA RECETA PARA LOS REPUBLICANOS

1. "The GOP's Demographics Problem", *Boston Globe*, 13 de octubre de 2012.

2. Julia Preston, "GOP Immigration Platform Backs 'Self-Deportation,'" NYTimes.com, 23 de agosto de 2012.

3. "Kris Kobach Convinces GOP to Harshen Immigration Platform", huffingtonpost.com, 21 de agosto de 2012.

4. Mark Hugo Lopez, Ana Gonzalez-Barrera y Seth Motel, "As Deportations Rise to Record Levels, Most Latinos Oppose Obama's Policy", Pew Research Center, 8 de diciembre de 2011.

5. Ver, p. ej., Daniel Gonzalez y Dan Nowicki, "Latino Votes Key to Obama Victory", *Arizona Republic*, 8 de noviembre de 2012, pág. A8.

6. Julia Preston y Fernanda Santos, "A Record Latino Turnout,

Solidly Backing Obama", *New York Times,* 8 de noviembre de 2012, pág. P13.

7. "Immigrants and the GOP", *Wall Street Journal,* 14 de noviembre de 2012, pág. A16.

8. Sam Francis, "The Myth of the Hispanic Republicans", http://www.vdare.com/francis/hispanic_republicans.htm.

9. Heather Mac Donald, "Myth Debunked: A Latin Conservative Tidal Wave Is Not Coming", *National Review,* 24 de julio de 2006.

10. Citado en Ken Mehlman, "Hispanic Outreach Crucial to GOP", Politico.com, 1 de mayo de 2007.

11. Mark Hugo Lopez, "The Latino Electorate in 2010: More Voters, More Non-Voters", Pew Hispanic Center, 26 de abril de 2011.

12. Lopez, "Latinos and the 2010 Elections".

13. Associated Press, "No One-Size-Fits-All Approach to Wooing Hispanics", 2 de julio de 2012.

14. Pew Hispanic Center, "The Latino Vote in the 2010 Elections", 3 de noviembre de 2010; actualizado el 17 de noviembre de 2010.

15. Latino Coalition, National Survey of Hispanic Adults, 2 de octubre de 2006.

16. Ibídem, pág. 15.

17. Mehlman, "Hispanic Outreach Crucial to GOP".

18. Lopez, "Latinos and the 2010 Elections".

19. http://www.cnn.com/ELECTION/2004/pages/results/states/AZ/I/01/epolls.0.html.

20. Ibídem

21. Hector Berrera, "Latinos Less Certain About Voting Than Others", *Los Angeles Times,* 11 de octubre de 2012.

22. Tamar Jacoby, "GOP Can't Lose Latinos", *Los Angeles Times,* 17 de noviembre de 2006.

23. John Zogby, "The Battle for the Latino Vote", League of United Latin American Citizens Press Release, 29 de noviembre de 2006.

24. Adam Nagourney, "In California, G.O.P. Fights Steep Decline", *New York Times,* 23 de julio de 2012, pág. A10.

25. Cameron Joseph, "Latino Support for GOP Plunges in Arizona", *Hill,* 10 de octubre de 2012.

26. Brad Bailey, "The GOP's New Immigration Solution", Politico .com, 30 de agosto de 2012.

27. Laura Meckler y Douglas J. Belkin, "State GOPs Give Platforms a Centrist Twist", *Wall Street Journal,* 16–17 junio de 2012.

28. The Polling Company, Inc., y the Ampersand Agency, "Hispanic Voters: Perceptions of and Perspectives on School Choice", junio de 2007, pág. 18.

29. Beck Research LLC, American Federation for Children/Hispanic CREO Survey Findings, mayo de 2012, pág. 3.

30. Beck Research Survey, págs. 4, 14 y 25.

31. Ibídem, pág. 12.

32. Polling Company/Ampersand Survey, pág. 33.

33. Ibídem, pág. 47.

34. Ibídem, pág. 50.

35. Ibídem, pág. 52.

36. Pew Forum on Religion & Public Life and Pew Hispanic Forum, *Changing Faiths: Latinos and the Transformation of American Religion* (Washington, DC: Pew Hispanic Center, 2007), pág. 7.

37. Ibídem, pág. 17.

38. Ibídem, pág. 29.

39. Gaston Espinoza, Virgilio Elizondo y Jesse Miranda, "Hispanic Churches in American Public Life: Summary of Findings", University of Notre Dame Institute for Latino Studies, marzo de 2003, pág. 15.

40. *Changing Faiths*, pág. 59.

41. Espinoza et al., *Hispanic Churches,* pág. 18.

42. *Changing Faiths,* pág. 68.

43. Ibídem, págs. 69-70.

44. Ibídem, pág. 78.

45. Encuesta nacional de la Latino Coalition, pág. 4.

46. James G. Gimpel, "Latino Voting in the 2006 Election: Realignment to the GOP Remains Distant", Center for Immigration Studies, marzo de 2007, pág. 6.

47. Clare Abreu, "The Latino Vote, On Its Own Terms", National Public Radio, 11 de mayo de 2007.

AGRADECIMIENTOS

ESTAMOS ENORMEMENTE ENDEUDADOS CON MUCHOS individuos que nos ayudaron a hacer posible este libro.

Primero y principal, gracias a nuestras familias por su apoyo, paciencia e inspiración.

Nuestros investigadores de primera calidad, Brian Symes y Roman Goerss, fueron indispensables en reunir información clave y material de fondo para el libro.

Tuvimos la suerte de contar con dos de los mejores expertos en política inmigratoria de la nación para leer y ofrecer comentarios sobre partes clave del manuscrito: Emilio Gonzalez, ex director del Servicio de Ciudadanía e Inmigración de los Estados

Unidos, y Tamar Jacoby, presidente y CEO de ImmigrationWorks USA. Cualquier error que se encuentra en el libro es nuestro.

Estamos muy agradecidos con los individuos que aceptaron dar entrevistas, y cuyas historias y perspicacias enriquecieron enormemente al libro: Kirk Adams, Julie Erfle, Mac Magruder, Laura Osio Khosrowshahi, Faithful Okoye, Annette Poppleton, Randy Pullen y Nina Shokraii Rees.

Estamos agradecidos con muchas personas que contribuyeron al libro de varias maneras, desde brindando ideas e información a patrocinando foros valiosos, dando asistencia logística o ayudando con la publicidad. Estas incluyen a Carlos Alfaro, Jennifer Alvarez, David Armstrong, John Bailey, Maria Barrocas, Shawnna Bolick, George W. Bush, Tom Church, Matthew Denhart, Taylor Earl, Jaryn Emhof, Julio Fuentes, James C. Ho, Marcus Huey, Joe Jacquot, Garrett Johnson, Dan Jones, Helen Krieble, Matthew Ladner, Patricia Levesque, John Raisian, Jeffrey Rich, Robin Roberts, Helen Rowan, Amity Schlaes, Carol Shippy, W. Randall Stroud y Chuck Warren.

No podríamos haber pedido un mejor equipo editorial, incluyendo a nuestro editor, Mitchell Ivers, junto con Jennifer Robinson, Stephen Fallert, Natasha Simons y Al Madocs. Un agradecimiento especial a la irreprimible Mary Matalin por su apoyo, entusiasmo y buenas ideas a través del proyecto.

Finalmente, un agradecimiento sincero a los muchos inmigrantes que hemos tenido el honor de conocer que fueron una gran inspiración y nos enseñaron lo que significa ser estadounidense.